JN065588

［これだけ分かれば計算できる！］

譲渡所得の基礎 徹底解説

土地建物　株式
配偶者居住権　等

徹底解説

税理士
武田 秀和 著

税務経理協会

はじめに

　本書は譲渡所得を扱う上でとりわけ重要な基本的な取扱いを解説しています。譲渡所得は「総合課税」及び「分離課税」に分かれそれぞれに「短期譲渡所得」及び「長期譲渡所得」があり，資産の区分と保有の概念が異なります。総合課税には近年配偶者居住権等の譲渡が加わり，土地等の譲渡に適用されるイメージが強い分離課税には性格の異なる株式等の譲渡所得があり，課税区分が多岐に渡ります。

　譲渡所得は資産の譲渡益に対して課税されます。どのような資産の譲渡であっても，譲渡益を計算するには「取得費」「譲渡費用」の判断が必要になります。長期短期を判断するには，譲渡資産の取得の日及び譲渡の日を適切に判断しなければなりません。譲渡所得が所得税の中でも取扱いが難しいと言われる所以です。譲渡所得の誤りの多くは基本的取扱いの知識の不足，又は勘違いによるものが大変多くあります。

　本書は既刊書「不動産の売却にかかる譲渡所得の税金」（税務経理協会）の中から，譲渡所得の取扱いの基本中の基本である「譲渡所得の基本」「譲渡の日」「取得の日」「収入金額」「取得費」「譲渡費用」について詳細に解説，充実させるためスピンアウトさせたものです。解説の基となる税法，通達等を極力表示しました。また，実務的な判断の参考として「もう一押し！」「参考判決・裁決事例」を適宜入れました。

　税務の実務家である税理士及び会計事務所職員の方々にとって，必ずお役に立つものと考えています。

　文中，意見にわたる部分は執筆者の個人的意見に基づくものであることを念のため申し添えます。

2022 年冬

税理士　武田秀和

目次

はじめに

 第1編　譲渡所得の基本

第2編　譲渡所得の課税区分

第3編　譲渡の日・取得の日・収入金額・取得費・譲渡費用

第1章　譲渡の日

第4章　取得費

第5章　譲渡費用

第4編　株式等の譲渡

第5編　配偶者居住権の譲渡

凡例

本書で使用した税法通達等の略称は以下のとおりです。

法令・通達	略称
所得税法	所法
所得税法施行令	所令
所得税法施行規則	所規
所得税基本通達	所基通
相続税法	相法
相続税法基本通達	相基通
租税特別措置法	措法
租税特別措置法施行令	措令
租税特別措置法施行規則	措規
租税特別措置法通達	措通
国税通則法	通則法
金融商品取引法	金商法

第1編
譲渡所得の基本

1 譲渡所得とは

1 譲渡

譲渡所得における譲渡とは「（財産・権利などを）譲り渡すこと」をいい，「譲る」とは「自分のものを他の人に与える。また，売る」ことをいいます（岩波国語辞典）。他の者に財産又は権利が移転することで，一般的には有償移転をイメージしますが，無償移転も含みます。

2 譲渡所得

譲渡所得とは，資産の譲渡による所得をいいます（所法33①）。資産を取得したときから譲渡するまでの所有期間中に価値が増加したことに着目して課税の対象とするものです。価値の増加は「キャピタル・ゲイン（資本利得・資産益）」といいます。逆に価値が減少することもあり，これは「キャピタル・ロス」といい譲渡所得の課税の対象になりません。取得価額から譲渡価額までの価値の増加に対して，所有を離れる機会をとらえ，その担税力に着目して課税するものです。担税力とは，税金を担う利益のことをいい，譲渡対価のうちに利益が含まれており，取得費や譲渡経費が除かれた部分のことをいいます。

譲渡による利益に対しては，所得税が課税されます。本来所得の損益は一定期間で計算されるべきものであり，所得税は歴年での計算によります。資産の値上がり益に対しても歴年で計算するべきであることが本筋でしょうが，課税技術的に困難であることから，利益が実現した年分で一括で課税されます。そのために税負担の緩和措置として特別控除，2分の1課税，緩和税率（比例税率）等で対応しているといえるでしょう。

3　資産の譲渡

資産の譲渡とは，財産や権利の譲渡のみならず，建物又は構築物の所有を目的とする地上権又は賃借権の設定，その他契約により他人に土地を長期間使用させる行為を含みます（所法33①）。

4　譲渡所得の基因となる資産

譲渡所得の基因となる資産とは，一般的にその経済的価値が認められて取引の対象となるあらゆる資産であり，キャピタル・ゲイン又はキャピタル・ロスを生ずるものです。基本的に，棚卸資産の譲渡その他営利を目的として継続的に行なわれる資産の譲渡や，山林の伐採又は譲渡による所得，及び金銭債権以外の一切の資産をいいます。譲渡所得の対象となる資産には，借家権又は行政官庁の許可，認可，割当て等により発生した事実上の権利も含まれます（所法33，所基通33-1）。

なお，土地の所有者が，その土地の地表又は地中の土石，砂利等を譲渡（営利を目的として継続的に行われるものを除きます。）したことによる所得は，譲渡所得に該当します（所基通33-6の5）。

▼譲渡所得の課税対象となる資産の例

土地，土地の上に存する権利（借地権，耕作権等），建物，構築物，機械装置，船舶，航空機，車両，有価証券，鉱業権，漁業権，特許権，著作権，借家権，土石，書画，骨とう，宝石類，金，配偶者居住権

5　譲渡の概念

(1)　有償譲渡と無償譲渡

所得税法でいう譲渡は，民法の概念より広くとらえられています。有償行

為はもちろん無償行為による所有権やその他の権利の移転も含み，民法上の売買，交換等のほか，公売，収用の有償行為，贈与，寄附，遺贈などの無償による移転も譲渡の範疇に入ります。借地権を設定して時価の2分の1を超える権利金などを受け取った場合（所令79），漁業権などが収用により消滅してその対価を受け取った場合（所令95）など，資産の移転と見られないような行為でも譲渡の範疇に入ることに注意します。

▼　有償譲渡と無償譲渡

有償譲渡	①売買　②交換　③競売　④公売　⑤収用　⑥買取り　⑦換地処分　⑧権利変換　⑨代物弁済　⑩財産分与　⑪物納　⑫法人に対する現物出資　⑬負担付贈与（贈与者が受益者となるもの）　⑭低額譲渡　⑮共有物分割　等
無償譲渡	①贈与　②寄附　③遺贈　④限定承認に係る相続　等

参考判決・裁決事例

譲渡所得課税の趣旨及び対価の有償性

　譲渡所得に対する課税は，資産の値上りによりその資産の所有者に帰属する増加益を所得として，その資産が所有者の支配を離れて他に移転するのを機会に，これを清算して課税する趣旨のものであるから，その課税所得たる譲渡所得の発生には，必ずしも当該資産の譲渡が有償であることを要しない。したがつて，所得税法33条1項にいう「資産の譲渡」とは，有償無償を問わず資産を移転させるいっさいの行為をいうものと解すべきである。

（最判　1975年（昭和50年）5月27日）

⑵　無償による資産の移転があった場合

　無償による個人に対する資産の移転は，贈与税の課税対象となります。また，無償による法人に対する資産の移転は，時価により譲渡があったとみなされます。

　贈与が譲渡所得の範疇に入ることは，贈与税の問題だけでは済まない場合が生じます。例えば，居住用財産の買換えの特例は，譲渡価額が 1 億円を超える場合は適用できませんが，居住用財産を譲渡した日の属する年又は前年若しくは前々年にその譲渡資産と一体として居住の用に供されていた家屋又は土地等の譲渡があった場合は，譲渡価額の合計額をもって 1 億円の判断をすることとなっています（措法 36 の 2 ①）。この期間内に贈与による居住用財産の一部の移転があった場合，贈与の時の価額，つまり時価で移転があったとして計算するため，1 億円の限度額を超えることがあります。

⑶　金銭に代えて資産（物）を交付した場合

　債務者が債務の弁済のため，金銭の支払に代えて資産（物）を渡すことがあります。民法第 482 条の代物弁済です。債務者の所有する土地等を交付するケースが想定されます。離婚に伴う財産分与や代償分割にあたって代償債務者が所有する土地等を交付するなどのケースが一般的です。譲渡所得の課税の対象となる財産を交付した場合，その財産にキャピタル・ゲインが生じていることがあるため，所得税の課税を検討しなければなりません。

⑷　実務的判断

　実務上は有償無償にかかわらず譲渡所得の対象となる「資産」の「移転」があったときには，「原則的に譲渡所得の課税対象になる」と判断し，そのうえで課税，非課税，損益，特例等の取扱いを検討します。贈与も譲渡の範疇に入ることから，譲渡所得の課税の特例（措法 35 ③他）を適用するときに特に注意しなければなりません。

6　譲渡所得の課税の変遷

　所得税の中でも譲渡所得は政策税制ともいわれます。また，譲渡所得の課税の対象となる資産は，土地等及び建物が圧倒的に多く，譲渡金額も高額になることから，所得税の中で重要な位置を占めています。そのため，その

時々の社会経済情勢を反映させて課税方法，税率，特例，特別控除等に関して租税特別措置法の改正が頻繁に行われてきました。しかし，譲渡所得の基本は，数十年にわたって大きな変化はほとんどありません。

▼　譲渡所得（土地家屋等）の課税の変遷

改正又は適用年	課税方法・特例・特別控除等
1946 年 （昭和 21 年）	資産の譲渡による所得に対して所得税が課税がされることとなった。譲渡所得の 2 分の 1 が課税対象となった。
1952 年 （昭和 27 年）	居住用財産を譲渡した場合の買換特例が創設された。
1959 年 （昭和 34 年）	固定資産の交換の特例が創設された。収用等の場合，4 分の 1 課税となった。
1961 年 （昭和 36 年）	居住用財産を譲渡した場合の特別控除（50 万円）の特例が創設された。有価証券の譲渡が 50 回 20 万株以上のものは課税対象となった。
1963 年 （昭和 38 年）	特定公共事業用地の買取りの場合の特別控除（700 万円）が創設された。事業用資産の買換特例が創設された。
1965 年 （昭和 40 年）	所得税法の全文改正に伴い長期譲渡所得（保有期間が 3 年超のものをいう。）と短期譲渡所得が創設された。
1969 年 （昭和 44 年）	土地建物等の譲渡所得について分離課税を導入し譲渡所得は全額課税となった。税率は分離長期譲渡所得 10 ％，分離短期譲渡所得 40 ％となった。 事業用資産の買換特例が整備された。
1975 年 （昭和 50 年）	総合課税の特別控除が 50 万円となった。 居住用財産の特別控除が 3,000 万円に引き上げられた。
1976 年 （昭和 51 年）	長期譲渡所得金額が 2,000 万円を超える部分については 4 分の 3 を所得税率で税額計算をする一部総合課税方式が導入された。 居住用財産の買換特例が復活した。
1979 年 （昭和 54 年）	「優良住宅地の造成等のために譲渡した場合の税率の特例」が創設された。

1980 年 （昭和 55 年）	長期譲渡所得金額が 4,000 万円を超える部分については 2 分の 1 を所得税率で税額計算をする一部総合課税方式に改正された。 「中高層耐火建築物の建設のための買換特例」が創設された。
1982 年 （昭和 57 年）	分離長期譲渡所得の範囲が譲渡の年の 1 月 1 日において所有期間が 10 年を超えるものと改正された。
1988 年 （昭和 63 年）	株式等の譲渡による所得は全て課税対象となった。
1989 年 （平成元年）	収用交換等の特別控除が 5,000 万円に引き上げられた。
1996 年 （平成 8 年）	分離長期譲渡所得の所有年数を，譲渡の年の 1 月 1 日において 5 年を超えるものと改正された。
1998 年 （平成 10 年）	「居住用財産の買換え等の場合の譲渡損失の繰越控除の特例」が創設された。
2004 年 （平成 16 年）	土地建物等の譲渡による譲渡損失の金額を他の所得との損益通算及び繰越控除が廃止された。分離長期譲渡所得の特別控除 100 万円が廃止された。 「特定居住用財産の譲渡損失の損益通算及び繰越控除の特例」が創設された。 分離長期譲渡所得の税率が 15 ％，分離短期譲渡所得の税率が 30 ％となった。
2007 年 （平成 19 年）	「相続等により取得した居住用財産の買換え及び交換の特例」が廃止された。
2009 年 （平成 21 年）	「特定の土地等の長期譲渡所得の特別控除の特例」「平成 21 年及び平成 22 年に土地等の先行取得をした場合の譲渡所得の課税の特例」が創設された。
2016 年 （平成 28 年）	「被相続人の居住用財産に係る譲渡所得の特別控除の特例」が創設された。

2 特殊な資産の譲渡

1 ゴルフ会員権等の譲渡

　ゴルフクラブの会員である個人が，その会員である地位（会員権）を譲渡したことによる所得は，総合課税の譲渡所得に該当します（所基通33-6の2）。

　ゴルフ場の所有又は経営に係る法人の株式又は出資を有することが会員となる資格の要件とされているゴルフクラブの会員権の譲渡（ゴルフ場の利用権の譲渡に類似する株式等の譲渡）による所得は，総合課税の譲渡所得に該当します（所基通33-6の3）。ゴルフ会員権の譲渡は，特定の会社の株主にならなければ，会員となれない会員権とその他の会員権とに区分されますが，結局は総合課税の譲渡所得です。

　営利を目的として継続的に行われるゴルフ会員権の譲渡は，事業又は雑所得です。

2 土石等の譲渡

　土地の所有者が，その土地の地表又は地中の土石，砂利等（以下「土石等」といいます。）を譲渡したことによる所得は，総合課税の譲渡所得に該当します。土地そのものを譲渡した場合は，分離課税の譲渡所得です（措法31①，措通31・32共-1）。

　営利を目的として継続的に行われる土石等の譲渡は，事業又は雑所得です。

3 配偶者居住権等の消滅の場合の課税区分

　配偶者居住権又は配偶者居住権の目的となっている建物の敷地の用に供される土地（土地の上に存する権利を含みます。）を配偶者居住権に基づき使用する権利が消滅したことにより対価の支払を受ける場合，総合課税の譲渡

所得です（所令95，所基通33-6の8，措通31・32共-1）。

　配偶者居住権は譲渡できません（民法1032②）。しかし配偶者居住権は相続税法上の扱いは財産権と捉えられています。配偶者居住権が期間満了になった場合や配偶者が死亡した場合，配偶者居住権は消滅します。しかし，期間満了前に任意による消滅となった場合，配偶者居住権という財産権が建物所有者に移転するので，原則として贈与税の課税対象です。配偶者居住権の消滅の対価として建物所有者が金銭の支払をした場合，総合課税の譲渡所得の課税の対象となります。

　所得税法施行令第95条では，契約に基づき，又は資産の消滅を伴う事業でその消滅に対する補償を約して行なうものの遂行により譲渡所得の基因となるべき資産が消滅をしたことに伴い，その消滅につき一時に受ける補償金その他これに類するものの額は，譲渡所得に係る収入金額とするとしています。

　なお，配偶者居住権が設定されている建物及びその敷地を譲渡した場合，分離課税の譲渡所得です。

4　極めて長期間保有していた不動産を譲渡した場合

　固定資産である不動産を譲渡した場合は譲渡所得に該当します。しかし，不動産を相当の期間にわたり継続して譲渡している場合の所得は，棚卸資産又はこれに準ずる資産（所法33②一）に該当し，事業所得又は雑所得です。ただし，継続的に売買している場合でも，極めて長期間（おおむね10年以上をいいます。）引き続き所有していた不動産の譲渡による所得は，譲渡所得に該当します（所基通33-3）。

5　固定資産である土地に区画形質の変更等を加えて譲渡した場合

　固定資産である林地その他の土地を造成等して変更を加えて譲渡した場合，業者の販売と変わらないことから，棚卸資産又は雑所得の基因となる棚卸資

産に準ずる資産の譲渡による所得として，その譲渡による所得は全て事業所得又は雑所得に該当します（所基通33-4）。土地の変更とは次のようなことをいいます。

（ⅰ）　区画形質を変更する

（ⅱ）　水道その他の施設を設ける

（ⅲ）　建物を建設する

　ただし，固定資産である土地に区画形質の変更又は水道その他の施設の設置を行った場合であっても，次のいずれかに該当するときは，その土地は固定資産に該当するものとして譲渡所得として構いません（所基通33-4）。

① 　区画形質の変更又は水道その他の施設の設置に係る土地の面積が小規模であるとき

　土地に区画形質の変更を加えて譲渡したとしても，その土地の面積が小規模のものは固定資産として判断して差し支えありません。小規模であるとは概ね3,000 ㎡以下をいいます。単発的な小規模の宅地造成については棚卸資産ということができないからです。これは土地のことをいっているのであり，建物を建築して販売する場合，事業所得又は雑所得です。土地の所有者が2以上いる場合，その合計面積で判断します。

② 　区画形質の変更又は水道その他の施設の設置が土地区画整理法，土地改良法等，法律の規定に基づいて行われたものであるとき

　個人の所有する固定資産が，土地区画整理法等法律の規定に基づいて区画形質に変更が加えられた場合のことをいいます。

▶ 6　極めて長期間保有していた土地に区画形質の変更等を加えて譲渡した場合の所得

　土地，建物等の譲渡による所得が事業所得又は雑所得に該当する場合であっても，その区画形質の変更若しくは施設の設置又は建物の建設（以下「区画形質の変更等」といいます。）に係る土地が，極めて長期間引き続き所有されていたものであるときは，その土地の譲渡による所得のうち，区画形

質の変更等による利益に対応する部分は事業所得又は雑所得とし，その他の部分は譲渡所得で構いません。この場合，譲渡所得に係る収入金額は区画形質の変更等の着手直前の土地の価額です（所基通33-5）。

　なお，土地，建物等の譲渡に要した費用の額は，全て事業所得又は雑所得の金額の計算上必要経費に算入します。

7　区画形質の変更等を加えた土地に借地権等を設定した場合の所得

　固定資産である林地その他の土地に区画形質の変更を加え，又は水道その他の施設を設け宅地等とした後，その土地に所得税法施行令第79条第1項《資産の譲渡とみなされる行為》の借地権又は地役権（以下「借地権等」といいます。）を設定した場合，その借地権等の設定（営利を目的として継続的に行われるものを除きます。）が同項に規定する行為に該当するときは，その借地権等の設定に係る対価の額の全部が譲渡所得に係る収入金額となります（所基通33-4の2）。

　本来，土地に区画形質の変更を加えて譲渡した場合，その所得は事業所得又は雑所得となります。しかし，小規模の宅地造成等は譲渡所得として取り扱って構わないこととなっています。その土地の時価の2分の1を超える価額で土地に借地権を設定した場合，事業所得又は雑所得とみるのではなく，借地権の活用という実際的な利用が想定されることから，その全額を譲渡所得とします。

参考判決・裁決事例

区画形質を変更して土地を譲渡したことによる所得について，譲渡所得と事業所得又は雑所得に区分して課税するのが相当であるとした事例

　所得税法上，譲渡所得には，棚卸資産（これに準ずる資産を含む。）の譲渡，その他営利を目的として継続的に行われる資産の譲渡によるものは含まれないから，

土地に区画形質の変更を加えたり，水道その他の施設を設けて宅地等として譲渡した場合には，その所得の全部が事業所得又は雑所得に該当するものと解されるところ，譲渡所得に対する課税の本質は，資産の値上がりにより所有者に帰属する増加益を所得として，その資産の所有権の移転を機会にこれを清算して課税する趣旨のものであり，したがって，区画形質の変更等を加えた土地の譲渡であっても，その土地が極めて長期間引き続き所有されていたものであるときは，その譲渡による所得には，本来の譲渡所得の本質を有する部分も含んでいるとみるべきであるから，このような場合は，資産の譲渡による所得を譲渡所得と事業所得又は雑所得とに区分して課税することが相当である。

（裁決　1979 年（昭和 54 年）7 月 9 日）

3 生活に通常必要な資産等を譲渡した場合の課税関係

1 生活用資産

　生活用資産とは，日常生活を送るうえで用いられる資産のことをいいます。この資産を譲渡した場合，一般的には譲渡益が生じることはないでしょう。所得税法では生活用資産を「生活に通常必要な資産」及び「生活に通常必要でない資産」として課税関係を区分しています。原則として生活に通常必要な資産の譲渡による所得は非課税，生活に通常必要でない資産の譲渡による所得は課税としていますが，それぞれに例外があります。土地建物等の譲渡については生活用資産としての区分の埒外ですが，これらは租税特別措置法により課税関係が規定されています。

2 生活に通常必要な資産

(1) 生活に通常必要な資産の譲渡による所得

　自己又は配偶者その他の親族が生活に通常必要な資産を譲渡した場合，課税されません（所法9①九）。

　生活に通常必要な資産とは次のものをいいます（所法9①九，所令25）。

・家具，じゅう器，衣服その他の資産
・貴石，半貴石，貴金属，真珠及びこれらの製品，べっこう製品，さんご製品，こはく製品，ぞうげ製品，七宝製品，書画，こっとう品，美術工芸品などで1個又は1組の価額が30万円を超えないもの

(2) 課税される資産

　生活に通常必要な動産であっても宝飾品等で1個又は1組の価額が30万円を超えるものは，譲渡所得の課税対象となります（所令25）。

3　生活に通常必要でない資産

(1)　生活に通常必要でない資産の譲渡による所得

　生活に通常必要でない資産を譲渡して利益が生じた場合，譲渡所得の課税対象です。

　生活に通常必要でない資産を譲渡して譲渡損が生じた場合，その損失は生じなかったものとみなされます。下記の場合を除いて，その損失の金額を他の所得から差し引くことはできません（所法69②）。

　生活に通常必要でない資産から生じる所得の計算上生じた損失の金額のうち，競走馬の譲渡に係る譲渡所得の金額の計算上生じた損失の金額に限り，その競走馬の保有に係る雑所得の金額から差し引くことができます。ただし，引ききれない金額があっても，その損失の金額はなかったものとみなされます（所法69②，所令178①，200）。

(2)　生活に通常必要でない資産とは

　生活に通常必要でない資産とは，次のものをいいます（所法9①九，62①，所令25，178①）。

①　競走馬

　その規模，収益の状況その他の事情に照らし事業と認められるものの用に供されるものを除きます。

　競走馬の保有に係る所得が事業所得に該当するかどうかは，その規模，収益の状況その他の事情を総合勘案して判定します。ただし，次の（ⅰ）又は（ⅱ）のいずれかに該当する場合，事業所得に該当します（所基通27-7）。

（ⅰ）その年において，競馬法第14条《馬の登録》の規定による登録を受けている競走馬でその年における登録期間が6月以上であるものを5頭以上保有している場合

（ⅱ）次のイ及びロの事実のいずれにも該当する場合

イ　その年以前3年以内の各年において，競馬法第14条《馬の登録》の規定による登録を受けている競走馬（その年における登録期間が6月以上であるものに限ります。）を2頭以上保有していること

ロ　その年の前年以前3年以内の各年のうちに，競走馬の保有に係る所得の金額が黒字の金額である年が1年以上あること

（注）競走馬の生産その他競走馬の保有に直接関連する事業を営む者がその事業に関連して保有している競走馬の保有に係る所得は，事業所得に該当します。

② 射こう的行為の手段となる動産

③ 通常自己及び自己と生計を一にする親族が居住の用に供しない家屋で主として趣味，娯楽又は保養の用に供する目的で所有するもの

④ 主として趣味，娯楽，保養又は鑑賞の目的で所有する資産

⑤ 生活に通常必要な資産のうち家具，じゅう器，衣服等以外のもの

⑥ 生活に通常必要な資産のうち，貴石，半貴石，貴金属，書画，こっとう品，美術工芸品等で1個又は1組の価額が30万円を超えるもの

4　まとめ

生活用資産の譲渡所得等に関する課税関係は次のとおりです。

資産の区分	譲渡所得の課税関係
生活に通常必要な資産	原則：非課税（所法9①九）
	例外：1個又は1組の価額が30万円を超えるものは課税（所令25） 譲渡損はないものとみなす。
生活に通常必要でない資産	原則：譲渡益に対して課税。 譲渡損の金額は他の所得から差し引くことはできない。
	例外：生活に通常必要でない資産の所得の損失のうち競走馬の譲渡損失の金額を，その競走馬の雑所得の金額から差し引くことができる。

4 みなし譲渡

1 みなし譲渡とは

　資産の移転は，その資産の値上がり益を顕現化させる機会です。値上がり益に対しては当然所得税の課税の対象となります。個人が個人に対して有償又は無償で譲渡した場合は譲渡所得又は贈与税の課税対象となり，特に問題となりません。例えば法人に対して贈与や低額譲渡した場合，個人が所有していた期間のキャピタル・ゲインを法人に転嫁することになります。そこで法人に対して無償又は低額等で譲渡した場合，いったん個人が所有していた期間中のキャピタル・ゲインを清算する取扱いとなっています。

　これがみなし譲渡として，実質が資産の移転と同等の効果を生む行為を譲渡とみなし，時価による譲渡があったとするものです。

　みなし譲渡とは，資産価値に対応する譲渡により対価の授受はないが，資産の移転に伴う実質的な経済効果に着目して課税の対象とするものです。

2 贈与・低額譲渡等の場合

　所得税法第59条第1項では贈与等の場合の譲渡所得の特例として，贈与又は著しく低い価額で山林又は譲渡所得の起因となる資産の移転があった場合には，その事由が生じたときに，その時の価額で譲渡があったものとみなすと規定しています（所法59①）。その時の価額とは「時価」のことをいい，時価とは通常取引される価額のことをいいます。固定資産税評価額や相続税評価額でないことに留意します。

⑴　法人に対して贈与・遺贈した場合

　法人に対し贈与（一般財団法人の設立を目的とする財産の拠出を含みます（所基通59-1））又は遺贈があった場合は，その時の価額で譲渡所得の課税の

対象となります。個人間の贈与の場合，贈与者がその資産を取得した時の価額を，受贈者が引き継ぐこととなっています（所法60①）。資産の移転があった時点（贈与の時をいいます。）でキャピタル・ゲイン課税が行われますが，この時に譲渡所得の課税が行われず，受贈者が将来その資産を譲渡した時点で課税されることとなります。しかし，法人に対する贈与の場合はこのような取扱いとなっていません。法人に対する贈与があったとした場合，取得価額を引き継ぐことで課税の繰延べになるため，個人の所得を法人に転嫁することとなります。このような不合理を避けることによります。

参考判決・裁決事例

法人に対して土地を贈与した場合，
みなし譲渡として所得税の課税処分は正当である

　所得税法第59条第1項所定のいわゆるみなし譲渡所得課税は，未実現のキャピタル・ゲインに対する課税の一環であって，それに対する無限の課税繰延，資産の譲渡所得課税の回避を防止することを目的とするものであり，この立法目的は正当ということができる。そして，この立法目的を達成する手段として同条が規定しているところも，納税者にとって税額の予測がつかないものとなっているとの批判は当たらないし，また，担税力を無視したものであるともいい難いのであって，こうしたことが上記立法目的との関連で著しく不合理であることが明らかであるということはできない。

（最判　2005年（平成17年）9月20日）

⑵　法人に対して著しく低い価額（時価の2分の1未満）で譲渡した場合

　著しく低い価額とは，譲渡所得の起因となる資産の譲渡の時における価額の2分の1に満たない金額です（所令169）。贈与は対価のない資産の移転ですが，譲渡の場合でも時価の2分の1を下回る場合には，時価による譲渡があったものとみなして所得税が課税されます。この取扱いは，法人に対して

贈与した場合に時価による課税をすることとなっていますが，それを避ける目的で形だけ譲渡したこととする行為を封ずるためです。

3 限定承認による相続があった場合

限定承認による相続，又は個人に対する包括遺贈のうち限定承認があった場合は譲渡所得の課税の対象です（所法59①）。

限定承認とは，相続又は遺贈によって得た財産の限度においてのみ被相続人の債務を弁済する相続のことをいい，限定承認できるのは法定相続人と包括受遺者です（民法922，990）。一般の相続の場合，取得価額及び取得の日が引き継がれ，キャピタル・ゲイン課税が繰り越されますが，限定承認が行われた場合，被相続人が所有していた期間中のキャピタル・ゲインに対応する税額を，相続人が負担することになります。そのため，限定承認の効果が薄れてしまいます。そこで，相続財産のうち山林所得又は譲渡所得の起因となる資産について，いったん相続時点でキャピタル・ゲインを精算します。被相続人が所有していた期間中の値上がり益に対する所得税を，被相続人の債務として浮かび上がらせます。

 もう一押し！

限定承認の場合の譲渡所得の注意点

① 限定承認による譲渡価額は相続開始日の時価です。

② 被相続人から相続人に対して譲渡があったものとみなされます。

③ 被相続人の譲渡所得は，相続開始を知った日の翌日から4か月を経過した日の前日までに準確定申告をします。

④ 譲渡する資産が，被相続人の居住用財産であっても，譲渡の相手が相続人になるので居住用財産を譲渡した場合の各特例の適用は受けられません。

⑤ 限定承認により取得した資産は，相続人が相続した時に時価で取得したものとみなされます。将来譲渡したときに取得価額及び取得の日は限定承認があった時の価額及び限定承認の日となります。

参考判決・裁決事例

限定承認による譲渡所得の課税について

　請求人らは，限定承認により相続した不動産を債務弁済のために譲渡したところ，原処分庁は，所法第59条第1項の規定を適用し，被相続人についてみなし譲渡所得の課税を行った。請求人らは，相続人の保護という限定承認の趣旨に立ち返って本件法規定を解釈し，相続人に係る譲渡所得として課税が行われるべきである旨主張する。しかしながら，本件法規定は，被相続人の所有期間中における資産の値上がり益を被相続人の所得として課税し，これに係る所得税額を債務として清算することにより，限定承認をした相続人が相続財産の限度を超えて負担することのないように規定されているものであり，本件法規定にいう限定承認の意義については民法の規定と同義に解することが相当であって，請求人らは限定承認により本件不動産を取得しているのであるから，被相続人についてみなし譲渡所得課税が行われたのである。また，限定承認の制度は，被相続人の債務等の額自体を縮減することではなく，相続によって得た財産の限度において被相続人の債務等の弁済の責任を負わせることによって相続人の保護を図ろうとするものであるから，請求人らの主張には理由がない。

（裁決　1999年（平成11年）11月26日）

4　個人に対する低額譲渡

⑴　時価の2分の1未満の譲渡

　個人間で低額売買を行った場合は時価による課税はありません。しかし，時価の2分の1未満で譲渡した場合は，実際の譲渡代金が収入金額ですが，譲渡所得が赤字の場合には，その譲渡損はなかったものとされます（所法59②）。

　2004年（平成16年）以後，土地建物等の譲渡損益について，損益通算が廃止になっています。譲渡資産が土地建物等で同一年中に他の土地建物等の譲渡がなければ，この規定が問題となることは原則としてなくなりました。

同一年中に他の土地建物等の譲渡がある場合や総合譲渡の場合に損益通算ができないので注意します。

▼土地建物等の譲渡の損益通算不適用

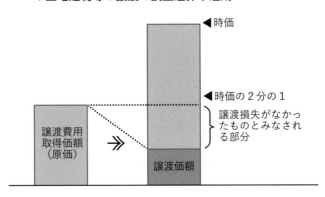

(2) 経済的利益があった場合

　所得税法第59条第1項第2号に規定する「対価」には，金銭以外の物又は権利その他経済的な利益も含まれます。たとえ，法人に対する贈与による資産の移転であっても，移転に伴い債務を引き受けさせることなどによる経済的な利益による収入がある場合，所得税法第59条第1項第1号の規定《法人に対する贈与の場合》の適用はなく，経済的な利益による収入に基づいて同項第2号の規定《法人に対する著しく低い価額の譲渡》により判定します（所基通59-2）。これは，実質的に経済的利益があった場合の取扱いです。

5 ▶ 同族会社等に対する低額譲渡

　山林（事業所得の基因となるものを除きます。）又は譲渡所得の基因となる資産を法人に対し時価の2分の1以上の対価で譲渡した場合には，所得税法第59条第1項第2号の規定の適用はありません。しかし，時価の2分の1以上の対価による法人に対する譲渡であっても，その譲渡が同族会社等の行為又は計算の否認（所法157）に該当する場合，税務署長の判断によって，

資産の時価に相当する金額により山林所得，譲渡所得又は雑所得を計算することとなります（所基通59-3）。株主や社員又はその関係者の所得税を不当に減少させると認められる場合が該当します。

6 一の契約により2以上の資産を譲渡した場合の低額譲渡の判定

　法人に対し一の契約により2以上の資産を譲渡した場合，低額譲渡に該当するかどうかを判定するときは，たとえ，契約により譲渡した個々の資産の全部又は一部について対価の額が定められている場合であっても，個々の資産ごとに判定するのではなく，譲渡した全ての資産の対価の額の合計額を基として判定します（所基通59-4）。これは，個々の資産の価額ではみなし譲渡の規定に抵触するようなときに，恣意的に個々の譲渡価額を変動させる契約を行った場合でも，全体を合計して判断することによります。

 もう一押し！

宅地と建物の低額譲渡

　宅地（時価3,000万円）及び建物（時価1,000万円）を，宅地の価額を1,500万円，建物の価額を300万円とし合計1,800万円で譲渡した。この場合，低額譲渡の判断を個々の資産で行うと，宅地価額1,500万円は時価の2分の1以上となります。建物価額300万円は時価の2分の1未満となることから譲渡価額は1,000万円とみなされます。そうすると土地及び建物の合計で譲渡価額は2,500万円です。しかし同一契約で譲渡している場合，それらの資産の譲渡価額の合計額で低額譲渡を判断するので宅地価額1,500万円及び建物価額300万円合計1,800万円は時価の2分の1未満となり低額譲渡に該当し，宅地価額3,000万円及び建物価額1,000万円合計4,000万円が譲渡価額となります。

7　借地権等の設定及び借地の無償返還

　所得税法第59条第1項に規定する「譲渡所得の基因となる資産の移転」には，借地権等の設定は含まれません。しかし，借地権の返還は資産の移転と捉えます（所基通59-5）。この取扱いは，借地権という財産権の返還が，無償若しくは低額で行われた場合には，時価で譲渡所得の課税の対象となるということです。個人間の移転は贈与税の課税対象です。

　ただし，借地の返還が次に掲げるような理由に基づくものである場合は除かれます。

（ⅰ）借地権等の設定に係る契約書において，将来借地を無償で返還することが定められていること。

（ⅱ）土地の使用の目的が，単に物品置場，駐車場等として土地を更地のまま使用し，又は仮営業所，仮店舗等の簡易な建物の敷地として使用していたものであること。

（ⅲ）借地上の建物が著しく老朽化したことその他これに類する事由により，借地権が消滅し，又はこれを存続させることが困難であると認められる事情が生じたこと。

8　地上権等を設定して権利金などを受け取った場合

(1)　地上権等を設定した場合

　建物又は構築物の所有を目的とする地上権又は賃借権の設定その他契約により他人に土地を長期間使用させた一定の場合，譲渡所得の課税の対象となります（所法33①）。建物若しくは構築物の所有を目的とする地上権若しくは賃借権（以下「借地権」といいます。）又は地役権の設定の対価として支払を受ける金額が次に掲げる場合の区分に応じ，各号に定める金額を超える場合をいいます。ここでいう地役権とは，特別高圧架空電線の架設，特別高圧地中電線若しくはガス事業者が供給する高圧のガスを通ずる導管の敷設，飛

行場の設置，懸垂式鉄道若しくは跨座式鉄道の敷設又は砂防法に規定する砂防設備である導流堤その他財務省令で定めるこれに類するものの設置，都市計画法に規定する公共施設の設置若しくは特定街区内における建築物の建築のために設定されたもので，建造物の設置を制限するものに限ります（所令79①）。

① 建物若しくは構築物の全部の所有を目的とする借地権又は地役権の設定である場合（③に掲げる場合を除きます。）

その土地等の価額（時価）の2分の1を超える場合のその権利金等。借地権である場合は，借地権の価額をいいます。

なお，地下若しくは空間について上下の範囲を定めた借地権若しくは地役権の設定である場合又は導流堤等若しくは河川法に規定する遊水地これに類するものの設置を目的とした地役権の設定である場合，その土地等の価額の4分の1を超える場合のその権利金等をいいます。

② 建物又は構築物の一部の所有を目的とする借地権の設定である場合

その土地の価額に，建物又は構築物の床面積（対価の額が，建物又は構築物の階その他利用の効用の異なる部分ごとにその異なる効用に係る適正な割合を勘案して算定されているときは，その割合による調整後の床面積）のうちに借地権に係る建物又は構築物の一部の床面積の占める割合を乗じて計算した金額。

$$（土地の価額）\times \frac{所有部分の床面積}{全体の床面積} \times \frac{1}{2}$$

③ 大深度地下の公共的使用に関する特別措置法（以下「大深度地下法」といいます。）の規定により使用の認可を受けた事業（以下「認可事業」といいます。）と一体的に施行される事業として認可事業の事業計画書に記載されたものにより設置される施設，又は工作物の全部の所有を目的とする地下について上下の範囲を定めた借地権の設定である場合

その土地等の価額の2分の1に相当する金額に，その土地等における地表

から大深度地下法に掲げる深さのうちいずれか深い方の深さ（以下「大深度」といいます。）までの距離のうちに借地権の設定される範囲のうち最も浅い部分の深さから大深度までの距離の占める割合を乗じて計算した金額（所基通33-15の3）。

（計算式）

$$\text{その土地の価額}^{(\text{注}1)} \times \frac{1}{2} \times \frac{\text{認可事業と一体的に施工される事業により設置される施設又は工作物の全部の所有を目的とする地下について上下の範囲を定めた借地権(A)の設定される範囲のうち最も浅い部分の深さから大深度}^{(\text{注}2,\text{注}3)}\text{までの距離}}{\text{その土地における地表から大深度までの距離}^{(\text{注}4)}} \times \frac{5}{10}$$

(注1) 認可事業と一体的に施行される事業により設置される施設又は工作物の全部の所有を目的とする地下について，上下の範囲を定めた借地権（A）の設定される土地の借地権者は，借地権（B）の価額によります。

(注2) 「大深度」とは，所得税法施行令第79条第1項第3号に規定する大深度をいい，具体的には，その土地の地表から大深度地下法第2条第1項各号《定義》に掲げる深さ（次の①及び②に掲げる深さ）のうちいずれか深い方の深さをいいます。

　　① 地表から40メートルの深さ

　　② 支持地盤（大深度地下の公共的使用に関する特別措置法施行令第2条第1項《通常の建築物の基礎ぐいを支持することができる地盤等》に規定する支持地盤をいいます。）のうち最も浅い部分の深さから10メートルの深さ

(注3) 借地権（A）の設定される範囲より深い地下で，大深度よりも浅い地下において既に地下について上下の範囲を定めた他の借地権（C）が設定されている場合は，他の借地権（C）の範囲のうち最も浅い部分の深さとします。

(注4) 借地権者も，借地権（B）に係る土地における地表から大深度までの距離によります。

(2) 借地権等の設定の対価の基準

借地権等の設定の対価として支払を受ける金額が，支払を受ける地代の年額の20倍以下である場合は，譲渡所得に該当しないものと推定します（所令79③）。

　この規定は借地権の設定がその土地の時価の 2 分の 1 を超えている場合に資産の譲渡とみなされることを判定する上での推定規定です。資産の譲渡と判定された場合この規定は働きません。

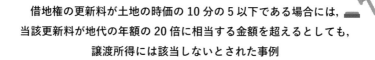

参考判決・裁決事例

借地権の更新料が土地の時価の 10 分の 5 以下である場合には，
当該更新料が地代の年額の 20 倍に相当する金額を超えるとしても，
譲渡所得には該当しないとされた事例

　請求人は，本件土地の借地権の更新料は，当該土地の地代の年額の 20 倍に相当する金額を超えるものであるから，所得税法施行令第 79 条第 3 項の規定により譲渡所得の収入金額に該当する旨主張する。

　ところで，所得税法施行令第 79 条第 1 項では，借地権の設定のうち，当該設定が建物若しくは構築物の所有を目的とする借地権等の設定である場合において，当該設定の対価として支払をうける金額がその土地の更地価額の 10 分の 5 に相当する金額を超えるときは，当該設定行為を資産の譲渡とみなす旨規定している。同条第 3 項では，その設定により受ける金額が，その設定により支払を受ける地代の年額の 20 倍に相当する金額以下である場合には，資産の譲渡には当たらないものと推定する旨規定しているが，この規定は，同条第 1 項にいう資産の譲渡とみなされる行為に当たるか否かを判定する上での推定規定であるから，当該行為が資産の譲渡に当たるか否かを同項により判定した場合には，同条第 3 項の規定を適用する余地はないものと解される。

　そこで，本件土地の更地価額と借地権の更新料を検討すると，本件更新料は土地の更地価額の 10 分の 5 以下であると認められることから，当該更新料の金額が地代の年額の 20 倍に相当する金額を超えていたとしても，本件更新料は不動産所得の総収入金額に算入されるべきものである。

　　　　　　　　　　　　　　　　　　（裁決　1999 年（平成 11 年）3 月 23 日）

もう一押し！

借地権の更新料の所得

　借地権，地役権等の存続期間の更新の対価として支払を受けるいわゆる更新料に係る所得及び借地権者等の変更に伴い支払を受けるいわゆる名義書換料に係る所得は，その実質が契約の更改に係るものであり，かつ，所得税法施行令第79条《資産の譲渡とみなされる行為》の規定の適用があるものを除き，不動産所得に該当します（所基通26-6）。

⑶　経済的利益があった場合

　借地権等の設定をしたことに伴い，通常の場合の金銭の貸付けの条件に比し特に有利な条件による金銭の貸付け（名義を問わず，これと同様の経済的性質を有する金銭の交付を含みます。），その他特別の経済的な利益を受ける場合，通常の条件で金銭の貸付けを受けた場合に比して受ける利益，その他特別の経済的な利益の額を対価の額に加算した金額で2分の1の判定をします（所令80）。

9　資産の消滅等により補償金を受け取った場合

　収用等により譲渡所得の起因となる資産（借地権，漁業権等）が，消滅，価値が減少することにより補償金やそれに類する対価を受け取った場合は，譲渡所得の課税の対象となります（所令95）。

　価値が減少するとは，その資産の価値が永久に失われることをいい，一時的な利用の制限となるような場合は含まれません。

参考判決・裁決事例

いわゆる連担建築物設計制度における余剰容積移転の
対価として受領した金員は譲渡所得とは認められないとした事例

　請求人は，余剰容積移転のための対価として受領した金員について，所得税法第33条第1項の資産の譲渡に該当することから，譲渡所得として課税されるべきである旨主張する。

　しかしながら，余剰容積移転の対価は，土地所有権の一部譲渡を意味するものではなく，移転側が，移転を受ける側に対して自己の土地を建築上利用させるために，その土地における建築上の利用制限を受けることに対する対価であると解するのが相当であることから，「土地を使用させる行為」に当たり，原則不動産所得に該当し，所得税法第33条かっこ書及び所得税法施行令第79条第1項に該当する場合に限り，譲渡所得として課税されることになる。

　そうすると，本件余剰容積利用権は，建築基準法第86条第2項に規定する連担建築物設計制度の適用により容積率が事実上緩和されたことに基づいて発生したものであり，私法上の契約形態としては不作為地役権を設定する方式によっていることから，所得税法第33条かっこ書及び所得税法施行令第79条第1項のいずれにも該当せず，不動産所得と解するのが相当である。

　　　　　　　　　　　　　　　　　　（裁決　2008年（平成20年）4月3日）

5 特別控除

　譲渡所得には，特例の種類により特別控除が設けられています。この特別控除は，際限なく控除できるのはなく，租税特別措置法では１年間の譲渡所得に対し，5,000 万円の限度額が設けられています。譲渡所得の特別控除は，総合課税と分離課税では金額及び適用要件が異なることに注意します。

1 総合課税の特別控除

　総合課税の特別控除は 50 万円です。総合短期譲渡所得及び総合長期譲渡所得に適用できますが，譲渡益が 50 万円に満たない場合，その譲渡益を限度とします（所法 33 ④）。

　総合短期譲渡所得及び総合長期譲渡所得の譲渡益がある場合，特別控除は総合短期譲渡所得から控除します（所法 33 ⑤）。

2 分離課税の特別控除

(1) 分離課税譲渡所得の特別控除

　租税特別措置法において設けられている特別控除は次のとおりです。

特　　　例	特別控除額	租税特別措置法条文
①収用交換等の場合の譲渡所得等の特別控除	5,000 万円	33 の 4
②特定土地区画整理事業等のために土地等を譲渡した場合の譲渡所得の特別控除	2,000 万円	34
③特定住宅地造成事業等のために土地等を譲渡した場合の譲渡所得の特別控除	1,500 万円	34 の 2

④農地保有の合理化等のために農地等を譲渡した場合の譲渡所得の特別控除	800 万円	34 の 3
⑤居住用財産の譲渡所得の特別控除	3,000 万円	35 ①
⑥被相続人の居住用財産を譲渡した場合の特別控除	3,000 万円	35 ③
⑦特定の土地等の長期譲渡所得の特別控除	1,000 万円	35 の 2
⑧低未利用土地等を譲渡した場合の長期譲渡所得の特別控除	100 万円	35 の 3

(2)　特別控除の留意点

①　居住用財産を譲渡した場合の特別控除の限度額

　居住用財産の譲渡所得の特別控除及び被相続人の居住用財産を譲渡した場合の特別控除の特別控除対象所得が同一年中の場合，特別控除は 3,000 万円が限度です。

②　土地建物以外の資産の収用があった場合の特別控除

　総合譲渡に該当する資産（土地建物以外）の収用があった場合，譲渡益から 5,000 万円の特別控除を適用できますが，さらに総合譲渡所得の 50 万円の特別控除が適用できます。

3　特別控除の累積限度額

　その年において，2 以上の特別控除の規定の適用を受ける場合，これらの特別控除額の合計額が 5,000 万円を超えることとなるときは，これらの特別控除額の合計額は，その年を通じて 5,000 万円です（措法 36）。この場合，特別控除額は，5,000 万円に達するまで次表に掲げる順序で控除します（措令 24，措通 36-1）。

控除の区分＼所得の区分	分離短期譲渡所得	総合短期譲渡所得	総合長期譲渡所得	山林所得	分離長期譲渡所得
①収用交換等の 5,000 万円控除の特例	①	②	③	④	⑤
②居住用財産の 3,000 万円控除の特例	⑥	－	－	－	⑦
③特定土地区画整理事業等の 2,000 万円控除の特例	⑧	－	－	－	⑨
④特定住宅地造成事業等の 1,500 万円控除の特例	⑩	－	－	－	⑪
⑤特定の土地等の 1,000 万円控除の特例	－	－	－	－	⑫
⑥農地保有合理化等の 800 万円控除の特例	⑬	－	－	－	⑭
⑦低未利用土地等を譲渡した場合の 100 万円控除	－	－	－	－	⑮

6　資産の譲渡のうち非課税とされる所得

　資産を譲渡又は寄附等した場合，原則として譲渡所得に該当します。しかし，次に掲げる資産の譲渡については，少額資産であることや，担税力がないこと等から，その譲渡益に対しては課税されません。

1　生活用動産の譲渡による所得

　自己又は配偶者その他の親族が生活の用に供する家具，じゅう器（日常使う道具類），衣服等など生活に通常必要な資産の譲渡は課税されません（所法9①九）。

　生活に通常必要な資産の譲渡は，譲渡益が生ずることが稀であることと譲渡益が生じても少額であることから，課税の煩雑さを避けるため非課税となったものです。またその逆に，譲渡による損失は，なかったものとされます（所法9②）。

　生活に通常必要な資産等についての課税関係は別項（3）で解説します。

2　強制換価手続による譲渡による所得

⑴　強制換価手続

　資力を喪失して債務を弁済することが著しく困難な場合における資産の譲渡による所得は，所得税が課せられません（所法9①十）。この取扱いは，資力を喪失して強制換価手続，又は，それに類する譲渡をせざるを得なくなったときの所得は担税力がないと認められるため，非課税となったものです。ただし，資産の譲渡による所得のうち棚卸資産（譲渡所得の基因とされない棚卸資産に準ずる資産を含みます。）の譲渡，その他，営利を目的として継続的に行われる資産の譲渡による所得は除かれます。

また，強制換価手続による譲渡損又は山林所得の損失についてはなかったものとされます（所法9②二）。

強制換価手続とは次のものをいいます（通則法2十）。

イ）滞納処分

ロ）強制執行

ハ）担保権の実行としての競売

ニ）企業担保権の実行手続

ホ）破産手続

(2) 任意換価手続

① 強制換価手続の執行が避けられないと認められる場合に，強制換価を避けて任意に自由な市場で譲渡したほうが高額で資産を処分でき，債務金額も減少する場合があります。任意に換価した場合，本来は非課税規定が働く余地はないですが，結局は強制換価が避けられない場合には，実質的に強制換価と同様の結果となることが予想されます。このような場合における資産の譲渡による所得は非課税となります（所令26）。強制換価手続に対して，任意換価手続といいます。

② 資力を喪失して債務を弁済することが著しく困難であり，かつ，強制換価手続の執行が避けられないと認められる場合の資産の譲渡による所得で，譲渡の対価の全部が債務の弁済に充てられた場合は，譲渡所得は課税されません。ただし，譲渡対価の一部だけが債務の弁済に充てられた場合，非課税にはなりません。資金に余裕があると考えられるためです（所基通9-12の4）。強制換価手続と同様の取扱いであるため，強制換価手続とのバランスにおいても，譲渡の対価の全部が弁済に充てられる必要があります。

③ 債務の弁済のため，債務者が所有する資産を弁済に代えて債権者に交付する場合があります。代物弁済といいます。代物弁済であっても，譲渡所得の起因となる資産を弁済に代えて交付した場合，所有する期間中のキャピタル・ゲインが生じている場合はその資産益に対して所得の計算をする必要が

あります。次の代物弁済による資産の譲渡所得は，譲渡の対価が債務の弁済に充てられたものに該当します。なお，清算金を取得する場合，その全額が債務の弁済に充てられる必要があります。

　清算金とは，代物弁済となる資産の価額が債務の額を超える場合の，超える金額に相当する金額として，債権者から債務者に対し交付される金銭，その他の資産をいいます（所基通9-12の5）。

(ⅰ) 債権者から清算金を取得しない代物弁済

(ⅱ) 債権者から清算金を取得する代物弁済で，清算金の全部を代物弁済に係る債務以外の債務の弁済に充てたもの

⑶　資力を喪失した場合等とは

　非課税の要件である，資力を喪失して債務を弁済することが著しく困難である場合とは，債務者の債務超過の状態が著しく，その者の信用・才能等を活用しても，現にその債務の全部を弁済するための資金を調達することができないのみならず，近い将来においても調達することができないと認められる場合をいいます。これに該当するかどうかは資産を譲渡した時の現況により判定します（所基通9-12の2）。

⑷　非課税とされる山林の伐採又は譲渡による所得

　非課税とされる所得は，資産の譲渡による所得のうち棚卸資産（譲渡所得の基因とされない棚卸資産に準ずる資産を含みます。）の譲渡，その他，営利を目的として継続的に行われる資産の譲渡による所得以外の所得に限られます。そのため，山林の伐採又は譲渡による所得であっても，営利を目的として継続的に行われる山林の伐採又は譲渡による所得は，強制換価手続又は任意換価手続による非課税とはなりません（所基通9-12の3）。

3 　国や公益法人等に対して財産を寄附した場合の所得

⑴ 　特例の内容

　国，地方公共団体又は公益法人等に対して財産を寄附した場合，一定の要件の下，譲渡所得が課税されません（措法40）。

　法人に対して財産を贈与又は遺贈した場合には，時価で譲渡したものとして譲渡所得の課税対象になりますが，その例外規定で，贈与がなかったものとみなされます。国や地方公共団体に対して無償で寄附を行った行為に対して所得税を課することの納税者感情，民間の公益事業に対する積極的な寄附の奨励に配意した規定です。

　（ⅰ）国又は地方公共団体に対し，財産の贈与又は遺贈（以下「贈与等」といいます。）があった場合

　（ⅱ）公益社団法人，公益財団法人，特定一般法人その他の公益を目的とする事業を行う法人（以下「公益法人等」といいます。）に対する財産の贈与等（公益法人等を設立するためにする財産の提供を含みます。）があった場合

　公益法人に対する贈与等は，その贈与等が教育又は科学の振興，文化の向上，社会福祉への貢献その他公益の増進に寄与することが目的です。贈与財産が，贈与等があった日から2年を経過する日までの期間内に，公益法人等の公益目的事業の用に直接供され，又は供される見込みであること，その他一定の要件を満たすものとして，国税庁長官の承認を受けることが要件です。

⑵ 　国税庁長官の承認の取消しがあった場合

　寄附財産を公益の事業等に供されなくなった場合等，一定の事由により国税庁長官の承認が取り消された場合は，取消しがあった年分の所得税が課税されます（措法40③）。

　非課税の承認が取り消された場合，次の課税区分があることに留意します。

① 贈与等があった日から 2 年を経過するまでに公益目的事業の用に供されなかった場合	贈与等した者の，贈与等があった日の属する年分の所得として所得税が課税される（措法 40 ②）
② ①以外で非課税の承認が取り消された場合	非課税の承認が取り消された日の属する年分，又は遺贈があった日の年分の所得として，贈与等を受けた公益法人等を個人とみなして，その公益法人等に対して所得税が課税される（措法 40 ③）

4　国等一定の団体に対して重要文化財を譲渡した場合の所得

(1)　重要文化財

　文化財保護法第 27 条第 1 項の規定により重要文化財（土地を除きます。）として指定されたものを，次に掲げる団体に譲渡した場合，所得税は非課税です（措法 40 の 2 ①，措令 25 の 17 の 2）。

> 国，独立行政法人国立文化財機構，独立行政法人国立美術館，独立行政法人国立科学博物館，地方公共団体又は地方独立行政法人（地方独立行政法人法施行令第 4 条第 3 号に掲げる博物館，美術館，植物園，動物園又は水族館のうち博物館法第 29 条の規定により博物館に相当する施設として指定されたものに係る地方独立行政法人法第 21 条第 5 号に掲げる業務を主たる目的とする地方独立行政法人）

(2)　重要文化財等の敷地

　重要文化財の譲渡の非課税の特例は，その敷地である土地が非課税の対象から除かれています。ただし，敷地については，その譲渡所得に対して特定土地区画整理事業等の 2,000 万円控除の特例（措法 34 ②四）が適用できます。

5　財産を相続税の物納に充てた場合の所得

(1)　物納による相続税の納付があった場合

　租税は金銭納付が大原則です（通則法34①）。しかし，相続税の場合，換金困難資産が大半を占める場合や土地等の占める割合が高く，預貯金等金融資産が過少である場合は，相続税の納付が困難なことがあります。このような場合に延納制度がありますが，延納によっても納付が困難な場合は，一定の要件の下，納税手段の1つとして物納が認められています。このように，相続税を金銭納付に代えて，財産を物納に充てた場合は，譲渡がなかったものとみなされます（措法40の3）。

　物納は，国に対する寄附ではなく，国税債務の対価として代物弁済するためキャピタル・ゲインの課税対象です。しかし，物納財産に対して値上がり益を課税すると，その所得に対する所得税の納税が困難となることも予想されます。納税困難者に対する配慮として非課税となっているものです。なお，この特例は，申告が要件となっていません。

(2)　超過物納となった場合

　物納財産の価額は，納付すべき相続税の価額と一致していることはほとんどないでしょう。財産の収納価額と許可に係る相続税額の差額（以下「超過物納」といいます。）は，金銭をもって還付されます（相基通41-4）。還付された金額は，譲渡益が生じている場合，譲渡所得の対象となります。

もう一押し！

超過物納による金銭の還付金に対しては次の特例が適用できる

特　　例	租税特別措置法	概　　要
優良住宅地の造成等の税率の特例	31の2①	国，地方公共団体等に対する土地等の譲渡に該当し，緩和税率が適用される。
短期譲渡の税率の特例	32①	所有期間が5年以下の場合であっても，15％の緩和税率が適用される。
相続税の取得費加算の特例	39①	相続税の申告期限から3年以内の譲渡に該当した場合，譲渡所得の計算上相続税額が控除される。

（物納財産の譲渡の日等については「資産の譲渡の日」を参照のこと）

6　貸付信託の受益証券等の譲渡による所得

　次に掲げる貸付信託の受益証券等の譲渡による所得は課税されません（措法 37 の 15 ①，措令 25 の 14 の 3）。課税されない貸付信託の受益証券等の譲渡による損失の金額はなかったものとされます（措法 37 の 15 ②）。

①　償還差益について租税特別措置法第 41 条の 12 第 1 項の適用を受ける割引債

　具体的には，次のものをいいます（措法 41 の 12 ⑦）。

（ⅰ）割引の方法により発行される公社債で，次に掲げるもの（措令 26 の 15 ①）。

- ・　国債及び地方債
- ・　内国法人が発行する社債（会社以外の内国法人が特別の法律により発行する債券を含みます。）
- ・　外国の法人が発行する債券（国外において発行する債券の場合，一定の物に限ります。）

（ⅱ）（ⅰ）に該当するものであっても次のものは除かれます。

- ・　外貨公債の発行に関する法律第 1 条第 1 項又は第 3 項（同法第 4 条において準用する場合を含みます。）の規定により発行される同法第

1 条第 1 項に規定する外貨債（同法第 4 条に規定する外貨債を含みます。）
- ・ 特別の法令により設立された法人が法令の規定により発行する債券
  具体的には，独立行政法人住宅金融支援機構，沖縄振興開発金融公庫又は独立行政法人都市再生機構が，独立行政法人住宅金融支援機構法附則第 8 条，沖縄振興開発金融公庫法第 27 条第 4 項又は独立行政法人都市再生機構法第 15 条第 1 項の規定により発行する債券（措令 26 の 15 ②）
- ・ 2016 年（平成 28 年）1 月 1 日以後に発行された公社債（次の②長期信用銀行債及び④農林債を除きます。）
- ② **預金保険法第 2 条第 2 項第 5 号に規定する長期信用銀行債等**
- ③ **貸付信託の受益権**
- ④ **農水産業協同組合貯金保険法第 2 条第 2 項第 4 号に規定する農林債**（措令 25 の 14 の 3）

7 債務処理計画に基づき資産を贈与した場合の所得

　中小企業者に該当する内国法人の取締役が有する資産を，一定の債務処理計画に基づき 2013 年（平成 25 年）4 月 1 日から 2022 年（令和 4 年）3 月 31 日までの間にその内国法人に贈与した場合，一定の要件のもとでその贈与がなかったものとみなされます（措法 40 の 3 の 2）。つまり，個人財産を法人に贈与した場合の所得税法第 59 条第 1 項のみなし譲渡課税が行われません。

　なお，贈与には，贈与に伴い債務を引き受けさせることなどによる経済的な利益による収入がある場合は含まれません（措通 40 の 3 の 2-6）。取締役個人の債務の減少等一定の利益が想定される場合は，法人に対する贈与として譲渡所得の課税対象となります（所基通 59-2）。

　債務処理計画に基づき資産を贈与した場合の要件は次のとおりです。

①　取締役等が，債務処理計画に基づき，内国法人の保証債務の一部を履行していること
②　債務処理計画に基づいて行われた内国法人に対する資産の贈与及び①の保証債務の一部の履行後においても，内国法人の債務の保証に係る保証債務を有していることが，債務処理計画において見込まれていること
③　内国法人が資産の贈与を受けた後に，その資産を事業の用に供することが債務処理計画において定められていること
④　平成28年4月1日以後の贈与については，内国法人が中小企業者等に対する金融の円滑化を図るための臨時措置に関する法律第2条第1項に規定する金融機関から受けた事業資金の貸付けについて，債務の弁済の負担を軽減するため，同法の施行の日から平成28年3月31日までの間に条件の変更が行われていること

7 譲渡ではあるが他の所得として課税される所得

　資産の譲渡があった場合でも，必ずしも譲渡所得の課税対象となるわけではありません。譲渡所得の基因となる資産とは，棚卸資産，準棚卸資産，営利を目的とする継続売買に係る資産，山林及び金銭債権を除く一切の資産です（所法33②）。つまり，これら譲渡所得の基因となる資産以外の資産の譲渡による利益に対しては，譲渡所得以外の所得（事業所得，雑所得，山林所得等）として課税されます。

　また，土地若しくは土地の上に存する権利（以下「土地等」といいます。）又は建物及びその附属設備若しくは構築物（以下「建物等」といいます。土地等及び建物等を併せて「土地建物等」といいます。）を譲渡した場合，全て分離譲渡所得で課税されるわけではありません。分離課税の対象となるのは原則として個人の所有する固定資産です。販売目的で所有する土地建物等の譲渡は事業所得であり，固定資産である土地に区画形質の変更を加えて譲渡した場合は，事業所得又は雑所得に該当する等所得区分が異なります。ただし，一定の場合，譲渡所得に該当するものがあります。

1 営利目的で継続的な資産の譲渡による所得

　譲渡所得とは資産の値上がり益であることから，これに着目して課税対象としています。個人が単発的，偶発的に資産を譲渡して，その利得を得る場合のことをいいます。当初より，営利を目的として継続的に譲渡を行っている場合は，事業所得又は雑所得です（所法33②一）。事業の規模に応じて事業所得又は雑所得に区分します。

2 棚卸資産の譲渡による所得

　譲渡所得とは資産の譲渡による所得ですが，本来，営利を目的としないも

のをいいます。棚卸資産の譲渡による所得は，営利を目的として，継続的に行われることから，事業所得として課税されます（所法33②）。棚卸資産とは，商品又は製品（副産物及び作業くずを含みます。），半製品，仕掛品（半成工事を含みます。），原材料，消耗品で貯蔵中のものをいいます（所令3）。

もう一押し！

不動産取引業廃業後の一定期間経過後において譲渡した場合

　不動産取引業を営んできた者が，その事業を廃止し，廃止した時点で，棚卸資産である土地を所有していることがあります。この土地を後年譲渡した場合の課税区分は次によります。

①　事業の廃業に伴う残務処理が終ると考えられる期間内に処分した土地に係る所得は事業所得

②　その一定期間経過後に処分した土地に係る所得は譲渡所得

（国税庁質疑応答）

3　棚卸資産に準ずる資産の譲渡による所得

　棚卸資産に準ずる資産の譲渡による所得は，雑所得です。棚卸資産に準ずる資産とは，不動産所得，山林所得及び雑所得を生ずる業務から生ずる商品又は製品，半製品等，棚卸資産に準ずる資産のことをいいます（所法33②，所令3，81）。

4　少額減価償却資産等の譲渡による所得

　次の資産の譲渡による所得は，少額の減価償却資産として，事業所得又は雑所得となります（所令81①2，138,139）。これは，次の①及び②の資産は，取得価額の全額を取得した年分の事業所得等の計算にあたって必要経費として，③の資産は取得価額の3分の1を3年に分けて必要経費として算入していることによります。

① **使用可能1年未満の減価償却資産**（所令 138）

使用可能期間が1年未満である減価償却資産で所得税法施行令第138条
《少額の減価償却資産の取得価額の必要経費算入》の規定に該当するものの
譲渡による所得は，減価償却資産が，業務の性質上基本的に重要なもので
あっても，譲渡所得には該当しません（所基通 33-1 の 3）。取得価額に相当
する金額を，資産を業務の用に供した年分の必要経費に算入していることに
よります。

② **取得価額が10万円未満の減価償却資産**（所令 138）

③ **取得価額が20万円未満の減価償却資産で，一括償却資産の必要経費算入の
特例を受けたもの**（所令 139 ①）

ただし，製品の製造，農産物の生産，商品の販売，役務の提供等その者の
目的とする業務の遂行上直接必要な減価償却資産で，業務の遂行上欠くこと
のできないもの（以下「少額重要資産」といいます。）を除きます。

④ **反復継続して譲渡する少額重要資産**（所基通 27-1，33-1 の 2 注）

少額重要資産であっても，貸衣装業における衣装類，パチンコ店における
パチンコ器，養豚業における繁殖用又は種付用の豚，養鶏業における採卵用
の鶏のように，事業の用に供された後において反復継続して譲渡することが，
事業の性質上通常である少額重要資産の譲渡による所得は，譲渡所得ではな
く事業所得に該当します。

5 山林の伐採又は譲渡による所得

山林の伐採又は譲渡による所得は山林所得です（所法 33 ②二）。山林とは，
読んで字のごとく山にある林，つまり立木のことをいいます。山林所得とは，
山林を伐採して譲渡したことにより生ずる所得，又は山林を伐採しないで譲
渡したことにより生ずる所得をいいます（所基通 32-1）。

ただし，山林を取得の日以後5年以内に伐採し，又は譲渡することによる
所得は，山林所得ではなく，事業所得又は雑所得となります（所法 32 ②）。

また，山林をその生立する土地とともに譲渡した場合，土地の譲渡から生

ずる所得は山林所得ではなく，分離課税の譲渡所得となります（所基通 32-2）。

もう一押し！

所得税法の山林と財産評価基本通達の山林

　山林とは不動産登記事務取扱手続準則第 68 条第 9 号において「耕作の方法によらないで竹木の生育する土地」と定められています。

　所得税法第 32 条における山林所得の山林とは，山林にある立木のことをいいます。山林が植生している土地は譲渡所得の対象です。

　相続税評価における山林とは，財産評価基本通達 45 以下で規定されている原則として地目が「山林」のことをいいます。地べたのことです。樹木（立竹木）の評価は別途，財産評価基本通達 111 以下に規定されています。「立木」「立竹木」「森林の主要樹種の立木」等です。少々混乱しそうです。

第2編
譲渡所得の課税区分

　譲渡所得には，総合課税対象資産の譲渡による所得及び分離課税対象資産の譲渡による所得があり，それぞれが長期譲渡所得及び短期譲渡所得に区分されます。また，分離課税対象資産の譲渡は，土地建物等の譲渡所得と株式等の譲渡所得に区分され，土地建物等の譲渡所得はさらに，土地等及び建物等で課税区分が分かれます。さらに細分化されて各種特例が規定されています。税率の区分のほか，居住用財産の3,000万円の控除の特例や，収用交換等の5,000万円控除の特例をはじめとする各種特別控除があります。

　資産の種類，保有期間，適用特例等により課税区分，税率，特別控除が異なるため，譲渡所得の理解が困難なものとなっており，適用にあたって慎重さが求められます。

1 譲渡所得の区分と税率

　譲渡所得は次頁の表のように，総合課税譲渡及び分離課税譲渡に大別されています。分離課税譲渡は土地建物等の譲渡と株式等の譲渡に区分され，土地建物等の譲渡はさらに短期譲渡所得と長期譲渡所得があり，株式等の譲渡は上場株式等の譲渡と一般株式等の譲渡に区分されます。ひと言で譲渡所得といっても，譲渡する資産及びその資産の性質により課税関係が全く異なります。譲渡所得の取扱いが難しいと言われるゆえんです。一般的に土地建物等の譲渡所得のイメージが強いようですが，株式等の譲渡所得の件数及び申告金額も次のように土地建物等の譲渡に拮抗するだけあります。

▼　令和 2 年分土地建物等及び株式等の譲渡所得の状況

譲渡所得区分	申告人数 （千人）	所得金額 （億円）
土地建物等	504	42,160
株式等	1,125	35,053

（国税庁公表資料）

▼　譲渡所得の区分と税率

譲渡資産	課税区分	譲渡資産の要件	税　率
総合課税対象資産	総合長期	取得の日から譲渡の日までの所有期間が 5 年を超える資産	特別控除額 50 万円控除した金額の 1/2 に対して総合所得で計算する
	総合短期	取得の日から譲渡の日までの所有期間が 5 年以下の資産	特別控除額 50 万円控除した金額に対して総合所得で計算する
土地等分離課税対象資産	分離長期一般	譲渡の年の 1 月 1 日において所有期間が 5 年を超える土地等	譲渡所得金額×15 %（5 %）
	分離長期特定	譲渡の年の 1 月 1 日において所有期間が 5 年を超える土地等で優良住宅地の造成等のために譲渡したもの	譲渡所得金額が 2,000 万円以下…譲渡所得金額×10 %（4 %）　譲渡所得金額が 2,000 万円超…（譲渡所得金額−2,000 万円）×15 %（5 %）+200 万円（80 万円）
	分離長期軽課	譲渡の年の 1 月 1 日において所有期間が 10 年を超える土地等で居住用財産に該当する資産	譲渡所得金額が 6,000 万円以下…10 %（4 %）　譲渡所得金額が 6,000 万円超…（譲渡所得金額−6,000 万円）×15 %（5 %）+600 万円（240 万円）
	分離短期一般	譲渡の年の 1 月 1 日において所有期間が 5 年以下の土地等	譲渡所得金額×30 %（9 %）
	分離短期軽減	譲渡の年の 1 月 1 日において所有期間が 5 年以下の土地等で，国等に譲渡又は収用等で譲渡したもの	譲渡所得金額×15 %（5 %）

建物等分離課税対象資産	分離長期一般	譲渡の年の1月1日において所有期間が5年を超える建物等	譲渡所得金額×15％（5％）
	分離長期軽課	譲渡の年の1月1日において所有期間が10年を超える建物等で居住用財産に該当する資産	譲渡所得金額が6,000万円以下…10％（4％） 譲渡所得金額が6,000万円超…（譲渡所得金額－6,000万円）×15％（5％）＋600万円（240万円）
	分離短期一般	譲渡の年の1月1日において所有期間が5年以下の建物等	譲渡所得金額×30％（9％）
株式等	分離短期一般	土地類似株式等の譲渡に係る短期譲渡所得（措法32②） 所有する資産の時価の総額に占める土地等の時価の合計額が70％以上である法人の株式で，譲渡の年の1月1日において所有期間が5年以下であるもの	譲渡所得金額×30％（9％）

・2013年（平成25年）から2037年（令和19年）まで復興特別所得税（2.1％）が課される
・（　）内は住民税の税率

2 総合課税と分離課税

　譲渡所得は，総合課税対象の所得と分離課税対象の所得があります。総合課税対象の所得は所得税法に，分離課税対象の所得は租税特別措置法に規定されています。

　本来，譲渡所得の基因となる資産の譲渡益に対する課税は一本であるべきです。しかし，昭和40年代に地価が物価上昇を上回るほど高騰したことから，土地建物等の譲渡に対する課税は別枠で行うこととなり，1969年（昭和44年）に分離課税制度が創設されました。

　総合課税対象の譲渡所得については，事業所得や給与所得などの他の所得と合算して所得の計算が行われ，累進税率で税額が計算されます。分離課税対象の譲渡所得については他の所得と分離して，特別の税率を適用して計算されます。譲渡資産によって明確に区分されています。

1 総合課税

（1）総合課税とは

　分離課税の対象となる土地建物等や株式を除く資産の譲渡に係る課税方式で，総合課税の対象となる事業所得や給与所得等と合算して，所得税法第89条の税率を適用して税額を計算します。

（2）総合課税対象資産

　総合課税の対象となる主な資産とは，土地等，建物等及び有価証券以外の資産でキャピタル・ゲインが発生する資産をいい，次のようなものがあります（所法22，措通31・32共-1）。

鉱業権，祖鉱権，採石権，土石を採掘する権利，借家権，ゴルフ会員権，金地金，温泉利用権，配偶者居住権及び配偶者居住権に基づき居住建物の敷地を利用する権利

(3)　配偶者居住権等の消滅に伴う対価の取扱い

　2018年の民法改正で創設された配偶者居住権及び配偶者敷地利用権（以下「配偶者居住権等」といいます。）の消滅に伴い対価の授受があった場合，総合課税の譲渡所得の課税対象となります。ただし，配偶者居住権の設定された建物及びその敷地の譲渡は分離課税対象です。

【租税特別措置法通達】
（分離課税とされる譲渡所得の基因となる資産の範囲）
31・32共-1　措置法第31条第1項又は第32条第1項（同条第2項において準用する場合を含む。）の規定により分離課税とされる譲渡所得の基因となる資産は，次に掲げる資産に限られるから，鉱業権（租鉱権及び採石権その他土石を採掘し又は採取する権利を含む。），温泉を利用する権利，<u>配偶者居住権（当該配偶者居住権の目的となっている建物の敷地の用に供される土地（土地の上に存する権利を含む。）を当該配偶者居住権に基づき使用する権利を含む。）</u>，借家権，土石（砂）などはこれに含まれないことに留意する。

(4)　総合課税の課税区分と特別控除

　総合課税の所得には，その資産の保有期間に応じて，長期譲渡所得（以下「総合長期譲渡所得」といいます。）と短期譲渡所得（以下「総合短期譲渡所得」といいます。）に区分されます。なお，総合課税の譲渡益を限度として，特別控除額50万円を控除することができます。この特別控除は長期，短期にかかわらず適用できます（所法33③④）。

　総合長期譲渡所得は，特別控除後の金額に対して2分の1を乗じた金額です（所法22②二）。

(5) 総合課税の計算

総合課税の所得は以下のように計算します。

・総合長期譲渡所得
　＝（譲渡収入金額 － 取得費 － 譲渡費用 － 特別控除（50 万円））
　　　× 1/2
・総合短期譲渡所得
　＝ 譲渡収入金額 － 取得費 － 譲渡費用 － 特別控除（50 万円）

参考判決・裁決事例

建物利用権設定契約に基づく建物利用権の
譲渡による所得は，総合長期譲渡所得に該当するとした事例

　請求人は，本件建物利用権はその取得の経緯（預託した保証金の額が通常の建物賃貸契約における保証金と異なり分譲価額に相当する程度に高額であることなど）及び契約内容（建物利用権設定契約において，地代家賃の支払はなく，「自己の持家と同様に」専用使用ができ，相続等の包括承継の対象になる等記載されていることなど）からみて所有権と同等に扱われるべきであると主張する。

　しかしながら，請求人は本件建物利用権設定契約に基づき本件建物に利用権を有するもので，請求人は本件建物の所有権を取得しているのではないことは明らか（この点については請求人も自認している）であるから，本件建物利用権は租税特別措置法第 31 条第 1 項に規定する土地建物等には該当せず，本件建物利用権の譲渡による所得は所得税法第 33 条に規定する総合長期譲渡所得に該当する。

（裁決　2002 年（平成 14 年）10 月 8 日）

2 分離課税

(1) 分離課税とは

　個人の有する土地等又は建物等の譲渡による譲渡所得については，所得税法第22条《課税標準》及び第89条《税率》並びに第165条《総合課税に係る所得税の課税標準，税額等の計算》の規定にかかわらず，他の所得と区分し，その年中の譲渡に係る譲渡所得の金額で計算する課税方式のことをいいます（措法31①）。

(2) 分離課税対象資産

① 分離課税の対象となる具体的資産

　分離課税の基因となる資産は，次の資産に限られます（措通31・32共-1）。

▼　分離課税対象資産

資産の区分	具体的資産
土地	土地
土地の上に存する権利	借地権，地上権，耕作権，地役権，永小作権
建物及び附属設備	建物，冷暖房設備，照明設備，昇降機等
構築物	庭園，堀，橋，岸壁，軌道，貯水池，煙突，その他土地に定着する土木設備等
租税特別措置法第32条第2項に規定する株式	イ　資産の時価の総額のうちに占める短期保有土地等の価額の合計額が70％以上である法人の株式等 ロ　資産の価額の総額のうちに占める土地等の価額の合計額の割合が70％以上である法人の株式等で短期保有のもの

② 分離課税の対象とならない具体的資産

　土地等に類似する資産の譲渡であっても，鉱業権，土石等は分離課税の対象になりません（措通31・32共-1）。**1 (2)** を参照してください。

(3)　転用未許可農地

　農地又は採草放牧地（以下「農地等」といいます。）について，所有権の移転，又は地上権，永小作権，質権，使用貸借による権利，賃借権若しくはその他の使用及び収益を目的とする権利の設定，若しくは移転する場合，及び農地等を農地等以外に転用する場合，農業委員会の許可を受けなければその移転又は転用の効果が生じません（農地法3①⑥，5①）。しかし，事実上移転が行われている実態から，次の農地や権利を譲渡した場合，分離課税対象の所得となります（措通31・32共-1の2）。

（ⅰ）農地法第3条第1項《農地又は採草放牧地の権利移動の制限》の規定による許可を受けなければならない農地

（ⅱ）農地法第5条第1項《農地又は採草放牧地の転用のための権利移動の制限》の規定による許可を受けなければならない農地

（ⅲ）採草放牧地又は農地法第5条第1項第7号の規定による届出をしなければならない農地

（ⅳ）採草放牧地を取得するための契約を締結した者がその契約に係る権利

(4)　分離課税の計算

　分離課税の譲渡所得の計算は，次の算式によります。特別控除の額は，適用する特例により異なり，また，特例により税率が異なります。第1編⑤（特別控除）を参照してください。

分離長期（短期）譲渡所得

　= 譲渡収入金額 − 取得費 − 譲渡費用 − 特別控除

---

3 損益の計算

1 譲渡所得の損益の計算

　譲渡所得には分離短期一般資産，分離短期軽減資産，分離長期一般資産，分離長期特定資産，分離長期軽課資産の分離譲渡所得5グループと総合短期資産及び総合長期資産の総合譲渡所得2グループがあります。それぞれのグループは損益の相殺を行い，総合譲渡所得は総合課税と損益通算ができます。

2 分離譲渡所得の損益の計算

⑴ 分離譲渡所得の損益の相殺

　譲渡所得には「損益の相殺」という言い回しがあります。譲渡所得は課税区分が細分化されているため黒字と赤字が生じる所得が同一年内に発生することがあり，この黒字と赤字を互いに充当することを損益の相殺といいます。

　分離譲渡所得の損益の相殺は次の点に留意します（措法31①，措通31・32共-2）。

（ⅰ）分離短期譲渡所得内での損益を相殺する。

（ⅱ）分離長期譲渡所得内での損益を相殺する。

（ⅲ）分離短期譲渡所得の損失は，分離長期譲渡所得の譲渡益から控除し，控除しきれない損失の金額は生じなかったものとみなす。

（ⅳ）分離長期譲渡所得の損失は，分離短期譲渡所得の譲渡益から控除し，控除しきれない損失の金額は生じなかったものとみなす。

　居住用財産の買換譲渡損失の特例（措法41の5）及び特定居住用財産の譲渡損失の特例（措法41の5の2）は，損益通算及び譲渡損失の繰越しができるので除かれます。

（ⅴ）分離譲渡所得の赤字は総合譲渡所得と損益の相殺及び総合所得との

損益通算はできません。

（ⅵ）総合所得の赤字は分離譲渡所得の黒字と損益通算はできません。

⑵　分離譲渡所得間の損益の相殺

　分離長期譲渡所得及び分離短期譲渡所得間の損益の相殺は次の順番で行います。基本的に納税者に有利となるように相殺されます。

▼　分離譲渡所得間の損益の相殺適用表

黒字＼赤字	分離短期一般資産	分離短期軽減資産	分離長期一般資産	分離長期特定資産	分離長期軽課資産
分離短期一般資産		②		⑨	
分離短期軽減資産	①			⑩	
分離長期一般資産		⑥			③
分離長期特定資産		⑦	④		④
分離長期軽課資産		⑧		⑤	

　損益の相殺の具体的内容は，次のとおりです。なお，①～⑩は上記「分離譲渡所得間の損益の相殺適用表」の番号です。

適用表番号	損益の相殺の内容
①，②	分離短期一般資産の赤字は分離短期軽減資産の黒字から控除し，分離短期軽減資産の赤字は分離短期一般資産の黒字から控除する。
③	分離長期特定資産又は分離長期軽課資産の赤字は，分離長期一般資産の黒字から控除する。
④	分離長期一般資産の赤字又は③で控除しきれなかった分離長期軽課資産の赤字は分離長期特定資産の黒字から控除する。
⑤	③④で控除しきれなかった分離長期特定資産又は分離長期一般資産の赤字は分離長期軽課資産の黒字から控除する。
⑥，⑦，⑧	①で控除しきれなかった分離短期一般資産及び分離短期軽減資産の赤字は，③④⑤の控除後の分離長期一般資産，分離長期特定資産及び分離長期軽課資産の黒字から控除する。

| ⑨, ⑩ | ③④⑤で控除しきれなかった分離長期一般資産，分離長期特定資産及び分離長期軽課資産の赤字は①②で控除された分離短期一般資産及び分離短期軽減資産の黒字から順次控除する。 |

3　総合譲渡所得内の損益の計算

総合譲渡所得の損益の相殺は次の点に留意します。

（ⅰ）総合長期譲渡所得の赤字は総合短期譲渡所得の黒字から控除する。

（ⅱ）総合短期譲渡所得の赤字は総合長期譲渡所得の黒字から控除する。

（ⅲ）（ⅰ）及び（ⅱ）計算の結果生じた赤字は分離（長期・短期）譲渡所得の黒字から控除できない。

（ⅳ）総合譲渡所得の赤字は総合所得と損益通算ができる。

4　損益通算

⑴　損益通算とは

損益通算とは，総所得金額，退職所得金額又は山林所得金額を計算する場合，不動産所得の金額，事業所得の金額，山林所得の金額又は譲渡所得の金額の計算上生じた損失の金額があるときは，他の各種所得の金額から控除することをいいます（所法69①）。

⑵　譲渡所得の損益通算

譲渡益は常に生じるとは限らず，取得費と譲渡費用の合計額が譲渡収入金額より高額となり譲渡損となる場合も多くあります。このような場合，土地建物等の譲渡による損失金額は原則として他の所得と損益通算ができません（措法31①，32①）。

損益の相殺又は損益通算の可否を図示すると次のとおりです。

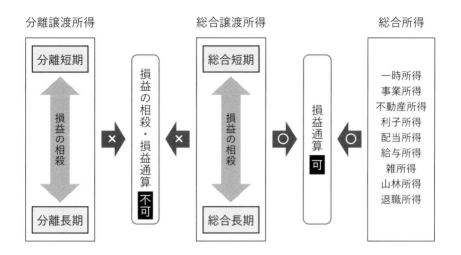

⑶　分離譲渡所得の損益通算の例外

　分離譲渡所得の損失は総合所得と損益通算ができませんが，下記の特例は例外的に損益通算及び繰越控除ができます。

（ⅰ）居住用財産買換譲渡損失の特例（措法 41 の 5）

（ⅱ）特定居住用財産の譲渡損失の特例（措法 41 の 5 の 2）

 もう一押し！

離婚の場合の財産分与における損益通算

　離婚に伴い譲渡所得の起因となる資産を分与した場合，所有期間中のキャピタル・ゲインを清算するため，譲渡所得の課税対象となります。通常の譲渡所得の計算になります。この場合次の点に留意します。

　1　財産分与は，無償で相手に所有権を移転しますが，時価で譲渡があったものとして，取得価額より時価が大きい場合その差額に対して所得税の課税対象となります。

　2　その資産の時価が取得価額より低い場合，譲渡損失となるため，譲渡所得の対象とはなりません。また，その損失は総合課税所得との損益通算はでき

ませんが，他の土地建物等に係る譲渡所得と通算できます。

3　分与した資産が，譲渡者の居住用資産である場合，居住用財産を譲渡した場合の特例が適用できます。

① 譲渡益が生じた場合

　イ　居住用財産を譲渡した場合の長期譲渡所得の課税の特例（措法 31 の 3）

　ロ　居住用財産の譲渡所得の特別控除（措法 35 ①）

　ハ　特定の居住用財産の買換えの場合の長期譲渡所得の課税の特例（措法 36 の 2）

　ニ　特定の居住用財産を交換した場合の長期譲渡所得の課税の特例（措法 36 の 5）

② 譲渡損失が生じた場合

　イ　居住用財産の買換え等の場合の譲渡損失の損益通算及び繰越控除の特例（措法 41 の 5）

　ロ　特定居住用財産の譲渡損失の損益通算及び繰越控除の特例（措法 41 の 5 の 2）

5　所得控除

　所得税の計算において，医療費控除，生命保険料控除等各種所得税控除の額の合計額を各種所得金額の合計額から控除することができます。

　総所得金額から控除することができなかった金額は，特別控除後の分離短期譲渡所得，分離長期譲渡所得の譲渡益から控除します。

4 長期保有資産と短期保有資産

　総合課税の譲渡資産及び分離課税の譲渡資産は，それぞれ長期保有資産，短期保有資産に区分されます。さらに保有の別により，総合譲渡所得では所得金額が，分離譲渡所得では税率が異なります。また，総合課税と分離課税では長期保有，短期保有の概念が異なります。長期譲渡又は短期譲渡は，税額にダイレクトに影響するため適切・確実に判定しなければなりません。

1 総合課税

（1）総合長期資産

　総合課税における長期保有資産とは，その資産の取得の日以後譲渡の日までの保有期間が 5 年を超えるものをいいます（所法 33 ③二）。

（2）総合短期資産

① 原則

　総合課税における短期保有資産とは，その資産の取得の日以後譲渡の日までの保有期間が 5 年以下のものをいいます（所法 33 ③一）。

② 例外

　保有期間が 5 年以下であっても，次のものは除かれます（所令 82）。

（ⅰ）　自己の研究の成果である特許権，実用新案権その他の工業所有権

（ⅱ）　自己の育成の成果である育成者権

（ⅲ）　自己の著作に係る著作権

（ⅳ）　自己の探鉱により発見した鉱床に係る採掘権

（ⅴ）　相続又は遺贈により取得した配偶者居住権の消滅（配偶者居住権を取得した時に配偶者居住権の目的となっている建物を譲渡したとしたならば，

その建物を取得した日とされる日以後 5 年を経過する日後の消滅に限ります。）による所得

（ⅵ）　配偶者居住権の目的となっている建物の敷地の用に供される土地（土地の上に存する権利を含みます。）を配偶者居住権に基づき使用する権利の消滅（権利を取得した時に土地を譲渡したとしたならば，その土地を取得した日とされる日以後 5 年を経過する日後の消滅に限ります。）による所得

（3）所有期間

　総合課税における長期譲渡又は短期譲渡の判断は，資産の取得の日以後譲渡するまでの実際の所有期間でおこないます。

▼　総合課税における長期資産と短期資産

2　分離課税

（1）分離長期資産

　分離課税における長期資産とは，譲渡の年の 1 月 1 日において，所有期間が 5 年を超えるものをいいます（措法 31 ①）。

（2）分離短期資産

　分離課税における短期資産とは，譲渡の年の 1 月 1 日において，所有期間が 5 年以下のものをいいます（措法 32 ①）。

　株式等の譲渡であっても特定の株式等に該当するものについては，分離短期一般資産の譲渡となることがあるので注意します（措法32②）。

（3）所有期間

　分離課税の計算における長期譲渡又は短期譲渡の判断は，資産を譲渡した年の1月1日で判断します。総合課税と大きく異なり，実際の所有期間によるものではないことに注意します。

▼　分離課税における長期資産と短期資産

第3編
譲渡の日・取得の日・収入金額・取得費・譲渡費用

　この章では譲渡所得の計算において非常に重要な「譲渡の日」
「取得の日」「収入金額」「取得費」「譲渡費用」について解説します。
譲渡所得の計算誤りの大多数がこれらの取扱いにあります。

第1章　譲渡の日

　譲渡所得の総収入金額の収入すべき時期（資産の譲渡の日）は，課税時期の確定であることから非常に重要です。

　資産の譲渡の日は，資産の引渡しがあった日が原則です。しかし，契約の効力の発生の日を選択して，申告することができます。ただし，いったん適法に選択した譲渡の日（課税年分）は，後日訂正することはできないことに注意します。

1 資産の譲渡の日の原則

1 原則的取扱い

(1) 引渡しがあった日

　譲渡所得（山林所得を含みます。以下「譲渡所得等」といいます。）の総収入金額の収入すべき時期は，譲渡所得等の基因となる資産の引渡しがあった日によります（所基通 36-12）。

 もう一押し！

一の契約で譲渡した宅地の引渡しが 2 年にわたった場合

　X1 年に A 宅地及び B 宅地の 2 筆を一の譲渡契約し，A 宅地は X1 年に引き渡し，B 宅地は X2 年に引き渡すような場合があります。A 及び B 宅地は一の契約で譲渡したものであるから，2 年に分割して申告することはできません。この場合，契約年又は引渡年のどちらかを選択して申告することになります。

(2) 引渡しの事実

　引渡しの日とは，資産の譲渡の当事者間で行われる，資産に対する支配の移転の事実に基づいて判定した資産の引渡しがあった日によります。例えば，土地等の譲渡の場合，売買契約に基づく残金の支払，所有権移転登記に必要な書類等の交付などが行われることをいいます。

　ただし，譲渡所得等の収入すべき時期は，譲渡の当事者間で行われる資産の支配の移転の事実に基づいて判定をした資産の引渡しがあった日によりますが，原則として譲渡代金の決済を了した日より後にはなりません（所基通 36-12 注 1）。

引渡しが残金の支払日以後である場合

　X1年中に契約残金を受領し，登記も完了した。ただし，子供の学校の都合で，翌X2年3月末に家を明け渡したような場合があります。譲渡代金の収入すべき時期は譲渡代金の決済を了した日以後にはなりません。翌年3月末まで譲渡した家屋に居住していたとしても，所有者として居住しているわけではなく買受人の好意，契約の条件又は賃借等が考えられます。譲渡年分はX1年分です。

2　例外的取扱い

（1）　契約の効力発生の日

①　契約の効力発生の日の選択

　譲渡の日は引渡した日が原則ですが，納税者の選択により，その資産の譲渡に関する契約の効力発生の日（以下「契約効力発生日」といいます。）によってもよいことになっています（所基通36-12）。一般的には，売買契約の締結日です。

取得の日と譲渡の日の選択

　課税年分を判定する際，引渡しの日と売買契約効力発生日は納税者の選択によりますが，取得の日を判定する際も同様に選択によることもできます。取得の日の判定と譲渡の日の判定が引渡日・契約効力発生日と別々になっても差し支えありません。長期譲渡・短期の判定の際，有利な方法を選択できます。

②　選択のやり直し

　譲渡の日を契約効力発生日を選択することは，原則を崩すことです。納税者が契約効力発生日を適法に選択した事実は元に戻せません。

また，一般的に譲渡所得の収入金額の判定が問題となるのは，2年にまたがって取引きが行われることから，確定申告期限までに契約効力発生日を選択することになります。確定申告期限内に申告せずに確定申告期限後において契約効力発生日で期限後申告することができないことにも注意します。

もう一押し！

確定申告後の引渡しの日への変更の可否

　契約効力発生日により総収入金額に算入して申告があったときは，譲渡の日と認められます。これは納税者の選択に任せられているものであり，契約の日を適法に選択して申告を行ったら変更はできません。契約の日を選択して確定申告した後，引渡しの日の年分に他の物件の譲渡があり譲渡損となったため，契約した年分の申告を取り消して，引渡しの日として訂正したいとする事例があります。原則は引渡しの日の年分ですが，納税者が適法に選択した年分で申告があった場合，取り消すことはできず，更正の請求は認められません。引渡しの日の年分に，他に譲渡損が生じて損益の通算ができる場合や，税制の改正等があった場合に想定される事例です。譲渡の日の選択は十分に検討します。

3　売買契約締結後，契約者が引渡し前に死亡した場合

　契約者（以下「被相続人」といいます。）が死亡し，相続人が引渡すような場合，原則として引渡しを行った相続人が申告することになります。しかし，契約ベースで被相続人の準確定申告も認められます。留意点は以下のとおりです。

確定申告	留意点
相続人が申告する場合	・被相続人の相続税の申告は売買契約中の土地として評価する。売買代金請求権が発生する。 ・租税特別措置法第 39 条（相続税の取得費加算の特例）の適用ができる。
被相続人の準確定申告をする場合	・法定相続人が相続分に応じた所得税を負担する。 ・譲渡所得にかかる所得税は相続税の計算において債務控除ができる。

2 資産の譲渡の日のその他の取扱い

1 農地等の場合

(1) 農地等の譲渡の場合の収入すべき時期

農地法により次の規定に該当する転用等の許可や届出を必要とする農地若しくは採草放牧地（以下「農地等」といいます。）の譲渡については，その農地等の譲渡に関する契約が締結された日でもよいこととなっています（所基通36-12カッコ書き）。

・農地法第3条第1項《農地又は採草放牧地の権利移動の制限》
・農地法第5条第1項本文《農地又は採草放牧地の転用のための権利移動の制限》第4項の規定により許可があったものとみなされる協議の成立を含みます。
・農地法第5条第1項第7号の規定による届出

農地の譲渡については，平成3年の改正前は農地法第3条若しくは第5条の許可又は届出の効力が生じた人のうちの引渡しがあった日といずれか遅い日によるものとされていました。しかし，農地の取引の実態は一般の土地とほとんど変わらないことから現行の取扱いとなったものです。

(2) 契約解除の場合の更正の請求

農地等の譲渡について，農地法第3条又は第5条に規定する許可を受ける前又は届出前に農地等の譲渡に関する契約が解除された場合（再売買と認められるものを除きます。），契約が解除された日の翌日から2月以内に更正の請求をすることができます（所基通36-12注2）。

2　財産を物納に充てた場合の譲渡の日

　相続財産を物納した場合，譲渡所得は非課税ですが，超過物納となった場合，過誤納金として金銭で還付されます（相基通41-4）。この場合の課税時期は，相続税法第43条第2項の規定により納付があったものとされる日となります。具体的には引渡し，所有権移転の登記その他法令により第三者に対抗することができる要件を充足した日です（相法43②）。

3　競売で譲渡した場合の譲渡の日

　競売で譲渡した場合の譲渡の日とは，譲渡所得の原則通り競売された資産が競落人に引渡された時によります。ただし，納税者が競落許可決定の日を譲渡所得の収入金額の総収入金額に算入すべき時期として申告をすることができます（所基通36-12，国税庁質疑応答事例）。

第2章　取得の日

　資産の取得の日は，長期・短期の判定の重要な要素です。資産の保有期間の計算の始期となる「資産の取得の日」は，原則としてその資産の引渡しを受けた日ですが，一般的に土地等高額な資産の取得の場合，売買契約締結後一定期間の猶予を設けて，その後に引渡します。このような場合，売買契約等の効力の発生の日によってもよいこととなっています。

　固定資産の交換の特例や事業用資産の買換えの特例等を適用して取得した資産を譲渡した場合，買換譲渡資産（交換や買換えの特例を適用した時に譲渡した資産）の取得の日を引き継ぐ特例と引き継がない特例があります。この取扱いを十分に検討・理解しないまま特例を適用した場合，数年後数十年後に思わぬ税負担となります。

1 資産の取得の日の原則

▶ 資産の取得の日

　資産の取得の日とは，原則的にその資産を実際に取得した日のことをいいます。資産の態様により「他から購入した資産」「自ら建設，製作又は製造した資産」「他に請け負わせて建設等をした資産」の別により取り扱われます（所法 33 ③，所基通 33-9，36-12）。

資産の区分	取得の日
①　他から取得した資産	・所基通 36-12 に準じて判定した日（第 2 章②を参照のこと） ・原則として，譲渡所得の基因となる資産の引渡しがあった日 ・納税者の選択により，契約効力発生日によってもよい
②　自ら建設，製作又は製造（以下「建設等」といいます。）した資産	・建設等が完了した日
③　他に請け負わせて建設等した資産	・資産の引渡しを受けた日

もう一押し！

増築した建物の取得の日

　10 年前に建築した建物とその敷地を譲渡したが，建物は，3 年前に 500 万円かけて増築した部分がありました。このような場合，本体の取得の時がその建物の取得の時となります。増築部分は建物本体に付随するものであることから，増築部分のみが短期譲渡所得とはなりません。

2 他から購入した資産

1 契約効力発生日

　購入した資産の取得の日は，引渡しがあった日が原則ですが，納税者の選択により，その資産の譲渡に関する契約効力発生日によってもよいことになっています（所基通33-9，36-12の準用）。譲渡に関する契約効力発生日とは，一般的には，売買契約の締結日です。

　この取扱いで注意することは「納税者の選択により」です。その資産の譲渡に関する契約効力発生日を「適法に」選択して申告した場合，後日「引渡しがあった日」を取得の日とすることに変更又は訂正ができません。つまり，更正の請求の対象とはなりません。

2 引渡しの事実

　引渡しの日とは，資産の譲渡の当事者間で行われる，資産に対する支配の移転の事実に基づいて判定した資産の引渡しがあった日によります。例えば，土地の譲渡の場合，売買契約に基づく残金の支払が実行され，所有権移転登記に必要な書類等の交付などが行われることをいいます。ただし，収入すべき時期は，原則として譲渡代金の決済を了した日より後にはなりません。

　譲渡の日の判定基準と同じです。

3 契約の時に引渡しができない場合

　取得の日について契約効力発生日によってもよいこととなっているのは，契約の時にその資産が現実に存在し，買主に対して引渡すことができるからです。もとより売主が引渡すことができない状態で売買契約を締結しても，それは空売りにしか過ぎないため，取得の日と認められません。契約効力発生日とは，次の場合は次の日によります。

建物の状況	契約効力発生日
売買契約の日において建物の建築が完了していない場合	・建築完了の日
売買契約の日において譲渡者がその建物をまだ取得していない場合	・譲渡者が建物を取得した日

もう一押し！

新築マンションの取得の場合

　新築マンションの場合，建築前又は建築途中で売買契約を締結することが大半です。年末にモデルルームの状態で取得の契約を結んで，翌年に引渡しを受けるケースが想定されます。このようなマンションの取得の日とは，その建築が完了した日となります。

　また，売買契約締結の日に譲渡者がその建物をまだ取得していない取引も想定されます。この場合は譲渡者がその建物を取得した日が資産の取得の日となります。譲渡所得が長期又は短期に係わる時は慎重に判断しなければなりません。

4 農地の取得の日

　農地法第3条第1項又は第5条第1項の転用等の許可や届出を必要とする農地，若しくは採草放牧地の譲渡については，その農地等の譲渡契約が締結された日でもよいこととなっています（所基通36-12カッコ書き）。農地等は許可や届出の効力の生じた日までは，契約の効力が生じないため，大規模開発の場合，譲渡代金の決済を領しても課税関係が何年も不安定なままとなってしまうことの不都合を避けたものです。1991年（平成3年）12月の通達改正以前は，農地法第3条又は第5条の許可又は届出の効力の生じた日とのうちの引渡しがあった日のいずれか遅い日とされていました。

3 贈与・相続又は遺贈によって取得した資産

1 贈与・相続又は遺贈によって取得した場合

　次に掲げる事由により取得した資産を譲渡した場合における事業所得の金額，山林所得の金額，譲渡所得の金額又は雑所得の金額の計算については，譲渡した者が引き続きこれを所有していたものとみなします（所法60①）。贈与の日，相続の日，遺贈があった日が取得の日にはならないことに注意します。

　なお，分離課税の計算においても同様の取扱いです。

（ⅰ）贈与，相続（限定承認に係るものを除きます。）又は遺贈（包括遺贈のうち限定承認に係るものを除きます。）により取得した資産

（ⅱ）居住者が譲渡の時における時価の2分の1に満たない金額による譲渡した場合，その対価の額が資産の譲渡に係る山林所得の金額，譲渡所得の金額又は雑所得の金額の計算上控除する必要経費又は取得費及び譲渡に要した費用の額の合計額に満たないときのその譲渡

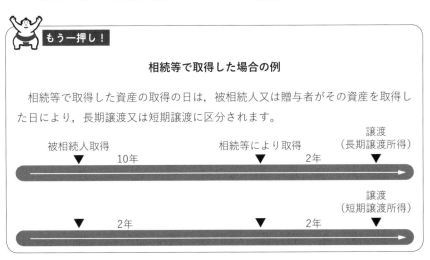

もう一押し！

相続等で取得した場合の例

　相続等で取得した資産の取得の日は，被相続人又は贈与者がその資産を取得した日により，長期譲渡又は短期譲渡に区分されます。

2 限定承認により取得した資産

限定承認で取得した資産の取得の日は限定承認があった日です。限定承認で取得した資産は相続財産でありますが、限定承認することにより被相続人の財産債務をいったん時価で精算しています。キャピタル・ゲイン課税の対象となる資産、主に土地及び建物ですが、そのキャピタル・ゲインに対して譲渡所得の課税の対象となります。被相続人が相続人に対して時価で譲渡したこととなるため、その資産の取得の日は限定承認があった時ということになります。

3 贈与・相続・遺贈があった時に贈与者等に譲渡所得が課税されている場合

所得税法第60条第1項及び第4項の規定は、1973年（昭和48年）1月1日以後に贈与、相続若しくは遺贈又は低額譲渡により取得した資産について適用されます。1972年（昭和47年）12月31日以前に贈与、相続若しくは遺贈又は低額譲渡により取得した資産については、所得税法の一部を改正する法律（昭和48年法律第8号）による改正前の所得税法又は旧所得税法（昭和22年法律第27号をいいます。）の規定が適用されます（所基通60-1）。贈与・相続・遺贈があった時にその時の時価で譲渡があったものとして贈与者等に譲渡所得が課税されている場合には贈与・相続・遺贈があった日が取得の日とされる場合があります。

贈与等の時期に応じ、従前の法律の規定を示すと次のとおりです。

贈与等の区分 \ 贈与の時期		昭25.4.1～昭26.12.31	昭27.1.1～昭28.12.31	昭29.1.1～昭32.12.31	昭33.1.1～昭36.12.31	昭37.1.1～昭40.3.31	昭40.4.1～昭47.12.31	昭48.1.1～
贈与	① 被相続人からの死因贈与							
	② ①以外の贈与					(有)	(有)	
						(無)	(無)	
相続	③ 限定承認に係る相続						(有)	
							(無)	
	④ ③以外の相続							
遺贈　包括遺贈	⑤ 限定承認に係る包括遺贈						(有)	
							(無)	
	⑥ ⑤以外の包括遺贈							
遺贈　特定遺贈	⑦ 被相続人からの特定遺贈							
	⑧ ⑦以外の特定遺贈					(有)	(有)	
						(無)	(無)	
低額譲渡	譲渡の対価が取得費・譲渡費用の合計額以上のもの					(有)	(有)	
						(無)	(無)	
	譲渡の対価が取得費・譲渡費用の合計額未満のもの					(有)	(有)	
						(無)	(無)	

（注）1　═══ の期間内に取得した資産は，その取得の時の時価に相当する金額により，当該取得の時において取得したものとみなされることを示す。
　　　　-------- の期間内に取得した資産は，贈与者等がその資産を保有していた期間を含めて引き続き所有していたものとみなされることを示す。
　　　　≈≈≈ の期間内に取得した資産は，実際の譲受けの対価をもって，当該取得の時において取得したものとされることを示す。
　　　2　「(有)」は，贈与者等について，所得税法の一部を改正する法律（昭和48年法律第8号）による改正前の所得税法第59条第1項《みなし譲渡課税》の規定の適用があったことを示す。「(無)」は，同条第2項の規定による音面を提出したことにより，贈与者等について，同条第1項の規定の適用がなかったことを示す。

4　代償分割等により取得した資産

　代償分割の方法により遺産分割が行われた場合，代償債務を負担した者から債務の履行として取得した資産は，その履行があった時においてその時の価額により取得したこととなります（所基通38-7⑵）。代償分割で代償債務

者から取得した資産は相続財産ではありません。代償債務者が代償金に代わり，資産を交付したことにより，その日が資産の取得の日となります。

5　遺留分侵害額請求により取得した資産

　受遺者等から，遺留分侵害額請求の対価として取得した資産は相続財産として取得したものではないことから，取得の日はその資産を取得した時です（所基通38-7の2）。

4 交換・買換え特例を適用した資産の取得の日

1　交換や買換えによって取得した資産を譲渡した場合

　居住用財産や事業用資産を譲渡して新しい資産を取得した場合，税負担の緩和のために「買換え」「交換」「代替」等（以下「買換え等」といいます。）の課税の特例が多くあります。本来譲渡があった時に所得税の負担が生じますが納税者が買換え等を選択し，一定の要件を充足した場合，課税が行われず将来買換え等によって取得した資産を譲渡したときにまとめて課税されます。つまり課税の繰延べです。

　譲渡した特例対象資産（以下「旧譲渡資産」といいます。）の取得価額を新たに取得した買換え等資産に引き継ぐことにより課税が繰り延べられますが，旧譲渡資産の取得の日を引き継ぐ特例と引き継がない特例があります（措通31・32共-5）。誤りやすい取扱いであるため，譲渡所得の計算にあたって，譲渡資産が過去に特例の適用を受けて取得されたものかどうかを確認する必要があります。取得価額については，第4章⑨を参照してください。

2　旧譲渡資産の取得の日を引き継ぐ特例

　買換え等があったとしても，旧譲渡資産を引き続き所有していたとみなす，又は譲渡がなかったものとみなすことにより，旧譲渡資産の取得の日を交換・買換え等により取得した資産に引き継ぐ取扱いです。

① **固定資産の交換の特例**（所法58）

　「…第33条（譲渡所得）の規定の適用については，当該譲渡資産の譲渡がなかつたものとみなす（所法58①）」

② **収用代替の特例**（措法33）

　「…第33条，第33条の2第1項若しくは第2項又は第33条の3の規定の適用を受けた資産（以下この項において「譲渡資産」）の取得の時期を当

該代替資産等の取得の時期とし…（措法 33 の 6 ①)」

③ **交換処分等の特例**（措法 33 の 2）

④ **換地処分等の特例**（措法 33 の 3）

⑤ **特定の交換分合の特例**（措法 37 の 6）

3 ▶ 旧譲渡資産の取得の日を引き継がない特例

　交換，買換え等があったとしても次の特例を適用した場合の資産の取得の日は，その資産を実際に取得した日です。買換え取得資産を譲渡した場合，譲渡の年の 1 月 1 日において所有期間が 5 年以下である場合，短期譲渡所得となることに留意します。もとより旧譲渡資産が長期譲渡所得であったとしても買換え等を選択したことにより，取得の日が引き継がれないため全て短期譲渡所得として課税されます。

① **相続等により取得した居住用財産の買換えの特例**（旧措法 36 の 2）

② **特定の居住用財産の買換えの特例**（措法 36 の 2）

③ **特定の居住用財産の交換の特例**（措法 36 の 5）

④ **特定の事業用資産の買換えの特例**（措法 37）

⑤ **特定の事業用資産の交換の特例**（措法 37 の 4）

⑥ **特定民間再開発事業の場合の買換え等の特例**（措法 37 の 5）

⑦ **特定の交換分合により土地等を取得した場合の課税の特例**（措法 37 の 6）

⑧ **特定普通財産と隣接土地等の交換の特例**（措法 37 の 8）

もう一押し！

買い換えた事業用資産の取得の日

　X1年に1975年（昭和50年）に取得した事業用の土地及び建物を譲渡し，特定事業用資産の買換えの特例を適用して新たな事業用資産を取得した。その事業用資産をX4年に事務所とその敷地を譲渡する場合があります。特定事業用資産の買換えの特例の適用を行った場合，取得価額は譲渡資産の取得価額を引き継ぐが，取得日は引き継がない。つまり，実際に取得した日が取得日となります。買い換えた事業用資産を譲渡し，譲渡した年の1月1日において5年を超えない場合，短期譲渡所得となります。旧譲渡資産の取得価額が引き継がれるため，課税譲渡所得が膨らむことに留意します。

5 その他の取得の日

1 時価の2分の1未満で取得した資産

個人間で著しく低い価額の対価による譲渡があった場合は、その不足額はなかったものとみなされます（所法59②）。著しく低い価額とは、譲渡資産の譲渡の時の時価の2分の1に満たない金額のことをいいます（所令169）。

取得者はその資産を引き続き所有していたものとみなされます（所法60①二）。将来その資産を譲渡した場合は、旧所有者の取得の日及び取得価額を基にして譲渡所得の計算を行うこととなります。

2 借地権者等が取得した底地の取得時期等

借地権その他の土地の上に存する権利（以下「借地権等」といいます。）を有する者が、その権利の設定されている土地（以下「底地」といいます。）を取得した場合、その土地の取得の日は、底地に相当する部分と借地権等を各別に判定します。長期譲渡又は短期譲渡は、資産ごとに判定します。

底地を有する者が、借地権等を取得した場合も、同様です（所基通33-10）。

3 離婚等による分与により取得した財産

離婚又は婚姻の取消し（民法768, 749）による財産の分与として資産の移転があった場合、その分与をした者は、その分与をした時においてその時の価額によりその資産を譲渡したこととなります。時価課税をすることにより、キャピタル・ゲインをいったん清算し、分与した者の取得の日や取得価額は分与を受けた者に引き継ぎません。

なお、財産分与による資産の移転は、財産分与義務の消滅という経済的利益を対価とする譲渡であり、贈与ではないから、所得税法第59条第1項《みなし譲渡課税》の規定は適用されません。

　財産分与により取得した資産の取得費については，第4章⑨を参照してください。

4　競売で取得した資産の取得の日

　競落した資産の取得の日については，売買により他から取得した場合の取扱いに準じて，原則的には，資産の引渡しを受けた日によります。ただし，競落許可決定の日を取得の日として申告することも認められます（所基通33-9，国税庁質疑応答事例）。

　競売で譲渡した場合の譲渡の日については第1章③を参照してください。

もう一押し！

自己所有不動産を落札した場合

　競売の目的とされた不動産をその所有者自身が落札した場合，競売の前後において所有者に異動はなく，登記簿上も，差押登記が抹消されるに止まり，所有権移転登記に変更がありません。不動産を所有者自身が落札したことは，所有者の地位を確保したものと捉えるのが相当であり，譲渡所得の課税関係は生じません。

　なお，落札のため支払った金銭の性質は単なる債務の弁済であり，その不動産の取得費とはならないことに注意します。

（国税庁質疑応答事例）

5　リース資産の取得の日

(1)　リース取引とは

　リース取引とは資産の所有者が借手に期間を定めて資産の使用収益を許諾し，借手が使用料を支払うことを約する契約のことをいいます。リース取引には「ファイナンス・リース取引」と「オペレーティング・リース取引」があり，ファイナンス・リース取引は，所有権が借手に移転する所有権移転ファイナンス・リース及び所有権移転外ファイナンス・リースに区分されま

す。所有権移転ファイナンス・リースは，実質が譲渡とみなされます。

　所得税法で規定するリース取引は，資産の賃貸借（所有権が移転しない土地の賃貸借その他の政令で定めるものを除きます。）で次のものをいいます（所法 67 の 2 ③）。

（ⅰ）賃貸借に係る契約が，賃貸借期間の中途においてその解除をすることができないものであること又はこれに準ずるものであること。

（ⅱ）賃貸借に係る賃借人が賃貸借に係る資産からもたらされる経済的な利益を実質的に享受することができ，かつ，資産の使用に伴って生ずる費用を実質的に負担すべきこととされているものであること。

⑵　リース資産の取得の日

　リース取引を行った場合，そのリース取引の目的となる資産（以下「リース資産」といいます。）の賃貸人から賃借人への引渡しの時にリース資産の売買があったものとされます（所法 67 の 2 ①）。取得の日は，その資産の引渡しがあった日です。

　なお，譲受人から譲渡人に対する賃貸（リース取引に該当するものに限ります。）を条件に資産の売買を行った場合，その資産の種類，売買及び賃貸に至るまでの事情その他の状況に照らし，これら一連の取引が実質的に金銭の貸借であると認められるときは，売買はなかったものとし，譲受人から譲渡人に対する金銭の貸付けがあったものとされます。

　なお，リース資産を譲渡した場合の取得費は第 4 章 5 を参照してください。

第3章　収入金額

　譲渡所得における収入金額は，その年において収入すべき金額をいいます。必ずしも現金とは限らず，現物出資や交換の場合のように，譲渡の対価が金銭以外の場合があります。通常は売買契約書等に基づいて受け取る金額ですが，売買契約書等に表現されない金額であっても，実質的に譲渡収入金額の一部を構成するものがあります。

　本章では，譲渡所得における様々な収入金額について解説します。

1 収入金額の原則

1 収入金額

　譲渡所得の計算上総収入金額に算入すべき金額は，別段の定めがあるものを除いてその年において収入すべき金額です（所法36①）。その収入の基因となった行為が適法であるかどうかは問われません（所基通36-1）。

　金銭以外の物又は権利その他経済的な利益をもって収入する場合，その金銭以外の物，又は権利その他経済的な利益の価額が収入金額です（所法36①）。この場合の価額は，その物若しくは権利を取得又はその利益を享受する時の価額，つまり時価です（所法36②）。

収入金額	金銭	価額は譲渡の時の時価による
	金銭以外の物又は権利	
	経済的な利益	

2 未収金がある場合

　収入すべき金額が未収となっている場合でも，譲渡代金全額が収入金額となります。受領済みの金額のみを申告することはできません。

　また，契約効力発生日を譲渡の日として申告する場合でも，未収金を含めた全額が収入金額となるので，契約時の手付金のみを申告することはできません。

もう一押し！

共有者がいる場合の譲渡収入金額

　共有者がいる場合には，各人の共有割合の合計が 1.0 となっている確認が必要です。各人の共有割合の合計が，1.0 となっていない場合は，税務調査により更正が行われます。また，土地と建物の共有割合が異なっていることがあるので，土地建物それぞれの共有割合を確認し，譲渡代金の配分額と持分割合が一致することを確認します。

　相続財産を譲渡した場合によく発生する誤りです。この誤りを避けるためには，主たる譲渡者が譲渡所得の計算をまとめて行い，共有者各人に対して計算内容及び所得を連絡することが確実です。

3 短期保有資産と長期保有資産とがある場合の収入金額等の区分

　一の契約により譲渡した資産のうちに短期保有資産と長期保有資産とがある場合の収入金額は，収入金額の合計額を各譲渡資産を譲渡した時の価額の比により案分して計算します。譲渡費用で個々の譲渡資産との対応関係の明らかなものはその区分により，明らかでないものは，それぞれの資産に係る収入金額の比で按分するなど合理的な方法で計算します。この場合，契約によりそれぞれの譲渡資産に対応する収入金額が区分されており，かつ，その区分がおおむねその譲渡の時の価額の比により適正に区分されているときは，その金額によります（所基通 33-11）。

4 固定資産税の清算金

⑴　固定資産税の清算金の取扱い

　譲渡に際して，未経過期間に対応する固定資産税相当額を受け取った場合は，その金額は譲渡の収入金額となります。

　固定資産税の納税義務者は 1 月 1 日現在の所有者です。年の途中で譲渡し

た場合，引渡し後の日数に対応する固定資産税相当額は，譲渡人の負担すべき固定資産税ではないということから，日数又は月数の按分による清算が行われる慣習のある地域が多くあります。しかし，固定資産税は1月1日現在の所有者に課せられるものであり，年の途中で取得したものについて納税義務はありません。そのため，譲受人から受け取った固定資産税相当額は売買の取引条件の1つであり，譲渡に基因する対価の一部として譲渡収入金額を構成すると取り扱われます。

⑵　貸付用土地等を取得した場合

　年の半ばに，借家人が住んでいる貸家を購入しました。購入にあたって，固定資産税の清算金として1年分の2分の1に当たる金額を譲渡人に支払いました。貸付用であったため固定資産税相当額を不動産所得の経費としたい。このケースを想定します。固定資産税の納税義務者は，各年1月1日の土地建物の所有者です。譲渡があった場合でも，譲渡した年の1月1日に譲渡人が所有しているため，譲渡人が固定資産税の納税義務者です。買受人が支払った固定資産税相当額の清算金は固定資産税ではないので，不動産所得の費用にはならないと考えられ，支払った金額は取得した土地建物の取得費となります。なお，譲渡人が支払った固定資産税は，その全額が譲渡人の不動産所得の費用となります。

 もう一押し！

固定資産税の清算金の取扱いの相違

　固定資産税の清算金の基準となる日は関東（関東方式）と関西（関西方式）では異なります。関東方式は譲渡の年の1月1日で関西方式は4月1日を基準として清算します。具体的には次のとおりです。譲渡があった年のX0年1月1日において売主が納税した固定資産税は80,000円，10月1日に譲渡があったものと仮定します。

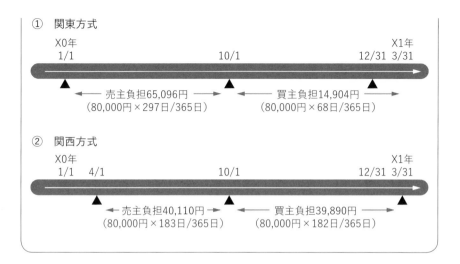

① 関東方式

X0年
1/1 ・・・・・・・・・・・・・・・・・・・・ 10/1 ・・・・・・・・・・ X1年 12/31 3/31

◀── 売主負担65,096円 ──▶　◀── 買主負担14,904円 ──▶
（80,000円×297日/365日）　　　（80,000円×68日/365日）

② 関西方式

X0年
1/1 4/1 ・・・・・・・・・・・・・・・ 10/1 ・・・・・・・・・・ X1年 12/31 3/31

◀── 売主負担40,110円 ──▶　◀── 買主負担39,890円 ──▶
（80,000円×183日/365日）　　　（80,000円×182日/365日）

未経過固定資産税等に相当する額の支払を受けた場合

【照会要旨】

　私は，今年の6月に，所有する土地及び家屋を3,000万円で譲渡する売買契約を締結しました。譲渡した土地及び家屋には本年度分の固定資産税及び都市計画税（以下「固定資産税等」といいます。）が課されているところ，その売買契約では，譲渡日から今年の年末までの期間に係る固定資産税等に相当する額（以下「未経過固定資産税等に相当する額」といいます。）を，買主が私に支払うことになっています。

　この受け取った未経過固定資産税等に相当する額は，譲渡所得の計算上，収入金額に算入することになりますか。

【回答要旨】

　支払を受けた未経過固定資産税等に相当する額は，譲渡所得の収入金額に算入されます。

　固定資産税等は，各年に，その賦課期日（その年度の初日の属する年の1月1日）における土地又は家屋の所有者を納税義務者として課されるものであり，そ

の年度の賦課期日後に所有者の異動が生じたとしても，新たに所有者となった者がその賦課期日を基準として課される固定資産税等の納税義務を負担することはありません。

　固定資産税等の賦課期日とは異なる日をもって土地建物の売買契約を締結するに際し，買主が売主に対し，売主が納税義務を負担する固定資産税等の税額のうち未経過固定資産税等に相当する額を支払うことを合意した場合，この合意は，土地及び家屋の売買契約を締結するに際し，売主が1年を単位として納税義務を負う固定資産税等につき，買主がこれを負担することなくその土地及び家屋を所有する期間があるという状況を調整するために個々的に行われるものであると考えられます。このことからすれば，支払を受けた未経過固定資産税等に相当する額は，実質的にはその土地及び家屋の譲渡の対価の一部を成すものと解するのが相当と考えられます。

（国税庁質疑応答事例）

⑶　清算金を支払って取得した資産の取得費

　清算金を支払って取得した土地を将来譲渡するときは，その清算金は取得費を構成します。売買契約書に記載がない場合でも支払っている可能性は高いです。譲渡所得の申告にあたって確認すべき事項です。

⑷　実務にあたって

　①　実務的に見逃しが多い部分です。固定資産税の清算金は売買にあたって取得する金員として収入金額を構成します。高額にならないことがあるため申告にあたってあまり注意を払いませんが，課税庁は見逃すことはありません。ほとんどの場合，売買契約書にその旨の一項があります。固定資産税の清算は，売買契約書に記載がない場合でも，別途「覚書」のような形式で行われることがあります。気を付ければ申告漏れを避けられます。また，譲渡資産の取得するにあたって，固定資産税の清算をしている場合，その金額は取得費となります。譲渡所得の計算する場合，取得時の固定資産税の清算の有無を確認する必要があります。もちろん概算取得費を適用した場合は，

固定資産税の清算金は取得費に当たらないことに留意します。

　②　固定資産税の清算の有無は，売買契約の重要な取り決め事項です。売買契約書を確認するときは「実測精算」「固定資産税の清算」の確認は必須です。税務署は，契約書を丹念に確認して調査に選定しています。

5　実測精算金

　売買契約金額は一般的には坪単価，若しくは平米単価によります。売買契約書に売買価額総額のみの記載であっても，その金額に至るまでの査定や交渉は単価で判断します。土地の面積は売買金額に大きく影響します。売買契約交渉の最終段階で，単価に面積を乗じて売買金額の総額を算出して合意に至ります。その時点で，土地等の測量を行っておらず，登記簿上の面積（以下「公簿面積」といいます。）で契約した場合，引渡し前に実測をするかどうか，実測による公簿面積との相違があった場合精算をするかどうかを取り決めます。国内の土地等の面積は縄伸びが多くみられることから，実測により面積が増加した場合契約単価で精算金が支払われます。この精算金は土地の譲渡代金の一部を構成するため譲渡収入金額に加算します。

　売買契約書には，通常次のように記載されています。

「土地の面積は公簿面積による。」

「土地の面積は公簿面積によるものとし，実測により面積の相違が生じたとしても相手方に面積の増減による売買代金の精算は行わないものとする。」

「面積は実測による。実測により面積が相違した場合，1 m^2 あたり金〇〇円で精算する。」

実測精算金の受領を見逃して申告した

売買契約書を確認したが，売買金額のみで譲渡価額を判断して申告した。後日税務調査で，売買契約書に実測精算をする旨及び固定資産税は日割計算で清算する旨表示があり，それぞれが申告漏れとなっていると指摘を受けた。

実務的に見逃しが多い部分です。実測精算の有無は，売買契約の重要な取り決め事項です。一般的な売買契約書には実測の有無の表示が必ずあります。売買契約書を確認するときは「実測精算」「固定資産税の清算」の確認は必須です。税務署は，契約書を丹念に確認して調査選定しています。

6 持ち回り保証金

借家人（店子）がいる建物を売買した場合，敷金又は保証金等（以下「保証金等」といいます。）の引継ぎがおこなわれますが，この保証金等を持ち回り保証金といいます。持ち回り保証金は売買に伴う対価として譲渡価額に加算します。賃貸不動産を所有している者（売主）は賃借人から預かっている保証金等があります。これは売主が返還すべき債務です。この不動産を譲渡した場合，返還債務を買主が引き継ぐことになります。売買契約において保証金等の引継ぎの契約も同時に行われます。例えば売買代金5,000万円，預り保証金300万円の場合，売買代金の中に保証金等の清算金300万円が含まれているとすれば，相殺により4,700万円で決済されます。譲渡価額は5,000万円です。

もう一押し！

持ち回り保証金は関東と関西では扱いが異なる

持ち回り保証金は，関東では売買代金の総額の中に含まれており，差額が決済されます。関西では，補償金等の清算をせずに，買主が保証金等の返還債務を引き受けるという取引慣行があります。売買金額 5,000 万円，預り保証金 300 万円の契約では 5,000 万円が決済金額となり，300 万円は買主が引き受けます。売主は 300 万円の債務を負担しなくてよいことになります。これは売買金額に上乗せされたものと同様であることから，譲渡収入金額を構成します。関西地方の譲渡所得を扱う場合には，十分注意しなければならない点です。

また，保証金等には償却という契約があります。返済しなければならない金額のことで，5 割の償却となれば返済義務は 150 万円です。譲渡収入金額に影響します。

補償金等の負担を引き受けた買主のその建物の取得価額は売買契約による金額に，負担すべき保証金等を加えた金額です。

7　契約書以外の追加払い

近年はあまり聞きませんが，土地等の譲渡契約をしたが租税特別措置法第31 条の 2《優良住宅地の造成等のために土地等を譲渡した場合の長期譲渡所得の課税の特例》等特例適用ができなかった場合に追徴所得税相当額を負担する旨の契約をする等，特例の適用を前提に売買契約をし，特例が適用できなかった場合に税金相当分の追加払いをする事例があります。このような負担金は譲渡契約に伴って発生するものであることから譲渡収入金額に加算されます。

なお，当初から所得税相当金額を別途授受があった場合でも同様に譲渡収入金額です。

8　借家人が受け取る立退料

借家人が賃貸借の目的とされている家屋の立退きに際し受け取る，いわゆ

る立退料のうち，借家権の消滅の対価の額に相当する部分の金額は，総合譲
渡所得の収入金額です（所基通 33-6）。

もう一押し！

借家人等に支払った立退料に営業補償などが含まれている場合

店舗として借りていた建物が譲渡されることになり相応の立退料を受け取った
ような場合で，立退料の中に休業補償等営業に対する補てん部分が含まれている
場合，その業務に係る各種所得の総収入金額に算入します。いずれにも該当しな
いものは一時所得の収入金額となります（所基通 34-1(7)）。

9 ▶ 負担付贈与の場合の課税関係

(1) 負担付贈与の場合の考え方

負担付贈与は，贈与者の負担を減じるためその負担額に相当する額が贈与
者の利得と考えます。キャピタル・ゲインの対象となる資産を負担付きで贈
与した場合，負担額が譲渡収入金額です。対象資産の価額は，土地建物等の
場合はその時の時価ですが，土地建物等以外の資産の時は相続税評価額であ
ることに留意します。

(2) 課税関係

贈与者が所有する取得価額 3,000 万円（時価 4,000 万円）の土地を贈与し
ました。この土地にはローンが 3,500 万円あったことから，ローンの返済を
条件とした負担付贈与としました。この場合の課税関係は次のとおりです。

① 贈与者の課税関係

贈与者は 3,500 万円のローンの負担が解消するため，この土地を 3,500 万
円で譲渡したことになります。譲渡所得は次のとおり 500 万円です。

3,500 万円 － 3,000 万円 ＝ 500 万円

②　受贈者の課税関係

　受贈者は時価4,000万円の土地を3,500万円の負担で入手したため，差額500万円を贈与者から贈与を受けたことになり，差額は贈与税の課税対象となります。

③　受贈者が取得した土地の取得の日及び取得費

　贈与により取得した資産は，贈与者の取得の日及び取得費を受贈者が引き継ぎます（所法60①）。受贈者が取得した土地は，贈与とはいえ贈与者の負担を引き継いでおり，その時に譲渡所得課税の対象となることから，贈与を受けたときに，負担した金額で取得したことになります。

2 時価とみなされる収入金額

1 交換・現物出資等の場合

　交換や現物出資などにより資産を譲渡して，譲渡代金に代えて現金以外の資産を取得した場合は，その受け取ったものの「時価」が収入金額となります。

　例えば，所得税法第58条を適用した交換の場合は，交換取得資産の価額が収入金額であり，現物出資により株式を取得した場合は，その取得した株式の取得時の価額が収入金額となります。その際，交換差金を同時に収受している場合は，その交換差金を含めた額が収入金額です。

2 特別な経済的利益の加算

　借地権等の設定（借地権に係る土地の転貸その他，他人にその土地を使用させる行為を含みます。）をしたことに伴い，通常の場合の金銭の貸付けの条件に比し，特に有利な条件による金銭の貸付け（貸付名義を問わず，これと同様の経済的性質を有する金銭の交付を含みます。），その他特別の経済的な利益を受ける場合，その特別の経済的な利益の額を対価の額に加算した金額をもって支払を受ける金額とみなされます（所令80①）。

　土地等の貸付が譲渡所得に該当する場合の判定に影響します。みなし譲渡課税については，第1編④を参照してください。

3 代物弁済の場合の収入金額

　代物弁済とは，債務者が負担すべき金銭に代えて，金銭以外の物を給付することです。債権者との間で物に代えて弁済する契約をした場合，弁済と同一の効力があります（民法482）。

　代物弁済は，本来弁済すべき債務に代えて土地建物等を交付する事例が多

いようです。土地建物等はキャピタル・ゲインの対象となる資産ですから，譲渡益が発生する場合，譲渡所得課税の対象となります。税務上は，資産を提供することにより債務が解消するため，債務の金額及び利息の合計額をもって収入金額とします。ただし，債権の額と対象資産の価額が異なる場合，原則として資産の価額が収入金額となり，差額は債務免除額です。代物弁済により譲渡した資産の価額が，消滅した債務の価額を超える場合で，その差額に対して清算金を受領した場合はその清算金の額も譲渡収入金額に加算します。

　代物弁済により資産を譲渡した場合でも，所得税法第9条の非課税規定に該当することがあります。この場合の取扱いは第1編⑥2を参照してください。

4　離婚に伴う財産分与による資産の移転

　離婚による財産の分与として資産の移転があった場合には，その分与をした者は，その分与をした時においてその時の価額で資産を譲渡したこととなります（所基通33-1の4）。

　財産分与による資産の移転は，財産分与義務の消滅という経済的利益を対価とする譲渡です。贈与ではないことから，所得税法第59条第1項《みなし譲渡課税》の規定は適用されません。

　その時の価額とは次の価額をいいます。

①　分与請求権の価額が明らかな場合

　その分与請求権の額

②　分与請求権の額が明らかでない場合

　財産分与により移転する資産の時価

　なお，財産分与により分与を受けた者の取得した資産の取得費は，時価で取得したこととなります。第4章②を参照してください。

もう一押し！

財産を分与した者が住んでいた家屋及びその敷地を譲渡した場合の特例の適用

　居住用財産の譲渡に関する各特例は，譲渡の相手が制限されており，配偶者に対する譲渡については適用できません（措令20の3①，23②他）。財産分与の対象となるのは離婚した相手方であることから，居住用財産の特例の排除規定には該当しません。財産を分与した者の居住用であれば居住用財産の各特例は適用できます。

もう一押し！

**分与時の価額が取得したときの価額より低い場合の，
居住用財産の損益通算等の特例の適用**

　離婚に伴って居住用財産を分与した場合，分与時の価額が取得価額より低くなっていることがあります。このような場合，居住用財産の買換譲渡損失の特例（措法41の5）又は特定居住用財産の譲渡損失の特例（措法41の5の2）の各特例の適用ができます。もちろん分与時の時価を適切に見積もることが大事です。

5　合筆した場合の課税関係

　A及びBがそれぞれ隣接した甲及び乙土地を所有しており，合筆し土地丙として，各2分の1の所有とするケースがあります。このような場合，Aは自己の持分2分の1をBに譲渡し，Bは持分2分の1をAに譲渡したことになります。それぞれに譲渡所得の課税対象です。ただし，所得税法第58条《固定資産の交換の特例》が適用できる場合があります。

3 遺留分侵害額相当額を遺産で弁済した場合

1 遺留分侵害額請求とは

　民法旧規定では遺留分減殺請求すると，当然に贈与又は遺贈は，遺留分を侵害する限度で失効します。その失効した部分は遺留分権利者に帰属し，物権的効果が生じることから財産が共有状態となり，遺産分割がもめる原因ともなっていました。遺留分減殺請求の不都合を解消すべく，2018年（平成30年）に改正された民法では，受遺者又は受贈者（以下，「受遺者等」といいます。）に対し「遺留分侵害額に相当する金銭の支払を請求することができる（民法1046）」として，明確に金銭債権としました。これにより遺留分権利者に対して現物返還を前提とした弁償の概念が無くなりました。

2 所得税（譲渡所得）の課税

　遺留分侵害額請求が金銭債権化されたことにより，支払を資産（一般的には土地建物等不動産，株式等）で支払った場合，遺留分侵害額の弁済債務を消滅させるために，物に代えて支払うことになるため（代物弁済），その時点でその物のキャピタル・ゲインを精算します。

⑴ 金銭に代えて資産で支払った場合の譲渡所得

　遺留分侵害額請求の弁済を，金銭に代えて資産で支払った場合，その資産を譲渡したことになるため，譲渡所得の課税対象となります。この資産は，受遺者等が遺贈又は贈与を受けた資産又は固有の財産にかかわらず譲渡所得が発生します（所基通33-1の6）。

⑵ 受遺者等の譲渡所得

　受遺者等の譲渡所得の収入金額は，消滅した債務（遺留分侵害額）相当額

です。譲渡所得の計算における取得の日又は取得価額は，弁済（譲渡）した資産により異なります。

弁済した資産	譲渡所得の計算における取得費等
相続財産	被相続人が取得した日及び取得価額を引き継ぐ
受遺者等の固有資産	受遺者等が実際取得した日及び取得価額による

⑶ 遺留分権利者の取得価額

　受遺者等から，遺留分侵害額請求の対価として取得した資産は相続財産として取得したものではないことから，取得の日はその資産を取得した時であり，取得価額はその時の債権の消滅の金額となります（所基通38-7の2）。将来この資産を譲渡する場合，取得の日及び取得価額を誤らないようにします。

⑷ 取扱いの施行日

　この取扱いは，2019年（令和元年）7月1日以後に開始した相続に係る遺留分侵害額請求があった場合に適用されています（所基通38-7の2改正通達経過的取扱い）。

もう一押し！

資産で弁償した場合の小規模宅地等の特例の適用

　特例適用対象地の遺贈を受けた者は，適用要件を充足する限り小規模宅地等の特例が適用できます。

　遺留分権利者が遺留分侵害額請求により特例適用対象地を取得したとしても「相続又は遺贈により取得した財産（措法69の4①）」に該当しないため，小規模宅地等の特例の適用はできません。

遺留分減殺請求に基づき，金銭に代えて資産で支払った場合の事例

X年に死亡した被相続人Aの相続人は，子B及びCの2人です。相続財産は甲宅地（時価6,000万円）及び乙宅地（時価2,000万円）のみです。Aは，この宅地をBに遺贈しました。Cは遺留分侵害額請求を行いました。Cは遺留分侵害額として，Bから時価2,000万円を受け取ることにしましたが，Bには現金がないので乙宅地をCに交付することで納得しました。なお，Cは翌年乙宅地を2,500万円で譲渡しました。

この場合，Cの遺留分率は4分の1です。遺留分侵害者であるBが甲の価額の4分の1である2,000万円を現金で支払うことができればこれで解決です。しかし，Bが金銭の手当てができず，乙宅地をCに分与した場合，代物弁済となりますのでBは譲渡所得の課税が生じます。

① Bの譲渡所得の計算

譲渡価額は遺留分権利者に支払う債務相当額の2,000万円です。取得の日及び取得費は，Aの相続財産ですのでAの取得の日及び取得価額を引き継ぎます。乙宅地はAがX-30年に取得しています。概算経費率5％を適用するとBの譲渡所得は次のようになります。分離課税の長期短期の区分はAが乙を取得した日により判定します。

乙宅地の取得の日：X-30年

乙宅地の取得費：不明であることから概算取得費を適用

2,000万円－（2,000万円×0.05）＝1,900万円（分離長期譲渡所得）

② Cの取得費の計算

Cが取得した乙宅地は，遺留分侵害額請求により代物弁済を受けたものであり，相続財産ではありません。取得価額及び取得の日は代物弁済価額及び弁済を受けた日です。

Cが遺留分侵害額請求で取得した乙宅地を，翌年2,500万円で譲渡した場合の譲渡所得の計算は次のようになります。

2,500万円－2,000万円＝500万円（分離短期譲渡所得）

4 借地権等を消滅させた後，土地を譲渡した場合等

1 借地権等を消滅させた後，土地を譲渡した場合等の収入金額

　借地権等は譲渡所得の対象となる資産です。土地所有者が借地権等を取得した場合，債権者と債務者が同一人となり土地そのものの完全な所有権となるため民法第520条の混同により消滅します。その後，土地を譲渡した場合，又はその土地に新たな借地権等を設定（その所得が譲渡所得とされる場合に限ります。）した場合，借地権等の消滅時に取得したものとされる部分（以下「旧借地権部分」といいます。）及びその他の部分（以下「旧底地部分」といいます。）をそれぞれ譲渡し，又はそれぞれの部分について借地権等の設定をしたものとして取り扱います。譲渡所得の計算において旧借地権部分及び旧底地部分は，取得価額が異なり，また，長期譲渡所得又は短期譲渡所得の区分があることから収入金額を区分して計算する必要があります。実務的には次の計算式により区分します（所基通33-11の2）。

　なお，借地権等を消滅させた後，土地を譲渡した場合等における譲渡所得の金額の計算上控除する取得費の額の区分については，第4章5を参照してください。

(1) 旧借地権部分に係る収入金額

　旧借地権部分に係る収入金額は，基本的に譲渡価額を，借地権を取得した時点での土地の更地価額に対する借地権消滅時の価額の割合で按分します。

$$ \text{土地の譲渡の対価の額又は新たに設定した借地権等の対価の額} \times \frac{\text{旧借地権の消滅時の旧借地権等の価額}}{\text{旧借地権の消滅時の土地の更地価額}} $$

　「旧借地権等の消滅時の旧借地権等の価額」は，その借地権等の消滅の時

の時価によりますが，対価の支払があった場合，その対価の額が適正と認められるときは，その対価の額によることができます。一般的にはこの価額によって判定することとなるでしょう。その場合，手数料その他の附随費用の額を含みません。

⑵　旧底地部分に係る収入金額

旧底地部分の収入金額は，譲渡価額から⑴で計算した旧借地権部分の金額を控除した金額です。

土地の譲渡の対価の額又は新たに設定した借地権等の対価の額　−　⑴の金額

2　底地を取得した後，土地を譲渡した場合等の収入金額

借地権者が，その借地権の目的となっている底地の所有権を取得したときは，賃借人である借地権者としての地位と，賃貸人である地主（底地の所有者）の地位が同一人に帰属するので，**1**と同様，混同により借地権は消滅します。その後，その土地を譲渡し，又はその土地に借地権等の設定をした場合，土地のうち取得した旧底地部分及び旧借地権部分をそれぞれ譲渡し，又はそれぞれの部分について借地権等の設定をしたものとして取り扱います。この場合の旧底地部分及び旧借地権部分に係る収入金額は，それぞれ次に掲げる算式により計算した金額によります（所基通33-11の3）。

なお，底地を取得した後，土地を譲渡した場合等の譲渡所得の金額の計算上控除する取得費の額の区分については，第4章7を参照してください。

⑴　旧底地部分に係る収入金額

土地の譲渡の対価の額又は設定した借地権等の対価の額　×　$\dfrac{旧底地の取得時の旧底地の価額}{旧底地の取得時の土地の更地価額}$

「旧底地の取得時の旧底地の価額」は，その底地の取得にあたって対価の支払があった場合，対価の額が適正であると認められるときは，その対価の額によることができます。この場合，手数料その他の附随費用の額を含みません。

⑵　旧借地権部分に係る収入金額

旧借地権部分の収入金額は，譲渡価額から⑴で計算した旧底地部分の金額を控除した金額です。

土地の譲渡の対価の額又は設定した借地権等の対価の額	－	⑴の金額

（注）底地を取得した後，土地を譲渡した場合等の譲渡所得の金額の計算上控除する取得費の額の区分については，所得税基本通達38-4の3を参照してください。

5　居住用財産又は事業用資産の交換や買換えの特例を受けた場合

　特定の居住用財産の買換えの特例又は特定の居住用財産の交換の特例（以下，両方合わせて「特定の居住用財産の買換え等の特例」といいます。），特定の事業用資産の買換えの特例又は特定の事業用資産の交換の特例（以下，両方合わせて「特定の事業用資産の買換え等の特例」といいます。）等を適用した場合の収入金額の計算は別途設けられています。原則として譲渡資産の譲渡価額より買換価額が低い場合は，その差額が譲渡収入金額となります。ただし，特定の事業用資産の買換え等の特例は，譲渡価額又は買換価額の20％が必ず課税対象となることに留意します。

1　特定の居住用財産の買換え等の特例

　特定の居住用財産の買換え等の特例を適用した場合の収入金額は，譲渡価額と買換価額の差額により判断します。
　以下，譲渡した資産を甲，甲の譲渡による買換資産として取得した資産を乙とします。

⑴　甲の譲渡価額Ⓐ ≦ 乙の買換価額Ⓑである場合

　譲渡価額Ⓐと買換価額Ⓑが等しい場合，又はⒷが大きい場合，買換え差額がないので譲渡収入金額は発生しません。

⑵　甲の譲渡価額Ⓐ ＞ 乙の買換価額Ⓑである場合

　譲渡価額Ⓐより買換価額Ⓑの方が小さい場合，差額が収入金額となります。

2 ▶ 特定の事業用資産の交換や買換えの特例の場合

(1) 甲の譲渡価額Ⓐ ≦ 乙の買換価額Ⓑである場合

　譲渡価額Ⓐと買換価額Ⓑが等しい場合，又はⒷの価額が大きい場合，Ⓐの20％が収入金額となります。

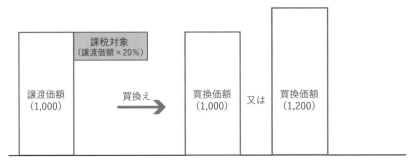

(2) 甲の譲渡価額Ⓐ ＞ 乙の買換価額Ⓑである場合

　譲渡価額Ⓐより買換価額Ⓑの方が少ない場合，Ⓑの20％及びⒶとⒷとの差額の合計額が課税対象となります。

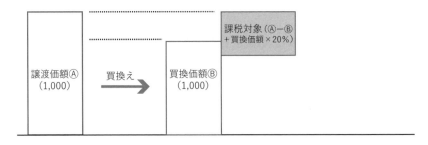

第4章　取得費

　　譲渡所得の計算にあたって，必要経費は譲渡した資産の取得費，及び譲渡費用があります。資産の取得費とは別段の定めのあるものを除き，その資産の取得に要した金額並びに設備費及び改良費の額の合計額をいいます（所法38）。取得費が不明な場合は概算取得費（譲渡価額の5％）が適用できます。

1 一般的な取得費

取得費

　取得費は，他から購入した資産及び自己が建築等した資産の区分により次のものが該当します。

① 他から購入した資産	イ　購入手数料（仲介料） ロ　売買契約書に貼付した収入印紙 ハ　登録免許税，不動産取得税，特別土地保有税（平成15年度1月1日以後に取得された土地に対する特別土地保有税は，当分の間課さないこととされています（地方税法附則31）） ニ　信用保証協会に対する信用保証料 ホ　住宅や工場などの敷地に供するために要した宅地造成費（埋立費や土盛費）
② 自己の建築・製作に係る資産の取得費	イ　建設等に要した材料費・労務費その他の経費 ロ　登録免許税，不動産取得税，特別土地保有税（①ハに同じ） ハ　その他取得のために要した費用

2　その他の取得費

1　土地等と共に取得した建物等の取壊し費用等

　底地の所有者が借地人の建物等を取得した場合，又は土地等をその建物等と共に取得した場合等，建物を取り壊して土地を利用することがあります。その土地等の取得が，当初からその建物等を取り壊して土地等を利用する目的であることが明らかであると認められるときは，建物等の取得に要した金額及び取壊しに要した費用の額の合計額（発生資材がある場合には，その発生資材の価額を控除した残額）は，土地等の取得費に算入します。建物等の取壊しの時期によっては土地等の取得及び利用との関連の説明が難しくなりますが，取得後おおむね１年以内に建物等の取壊しに着手するなどの場合は取得費として構いません（所基通 38-1）。

もう一押し！

立退料を支払って取得した建物を取り壊した場合

　立退料を支払って取得した建物を取り壊した場合，立退料の扱いは次のとおりです。
① 　建物を取得して立退料を支払い，１年以内に取り壊している場合，もとよりその土地を利用することが目的であると認められるため，土地の取得費に算入されます。
② 　賃貸建物を取得し，建替え等のために立退料を支払った場合，支払った年分の不動産所得の経費となります。
③ 　建物の譲渡に際して立退料を支払った場合，譲渡費用です。
④ 　借地権を取得するにあたって借地権者を立ち退かせるために支払った立退料は，借地権の取得費です。

2 一括して購入した一団の土地の一部を譲渡した場合の取得費

(1) 原則的取扱い

　一括して購入した一団の土地の一部を譲渡した場合，原則として，譲渡した部分の面積が土地の面積のうちに占める割合を，土地の取得価額に乗じて計算した金額によります。

(2) 譲渡した部分と残った部分の単価が異なる場合

　一括して購入した一団の土地の一部を切り取ることにより，側面が生じる等利用効率が異なる場合があります。この場合の取得費は譲渡した部分の譲渡時の価額が土地の譲渡時の価額のうちに占める割合を，土地の取得価額に乗じて計算した金額によってもよいこととなっています（所基通38-1の2）。

もう一押し！

一団の土地の一部を譲渡した場合の取得価額

　宅地500 m² を5,000万円で取得した後，A部分（200 m²）とB部分（300 m²）に分筆し，A部分を2,600万円で譲渡しました。A部分は2路線に面していることから1 m² 当たり13万円でしたが，B部分の単価は1 m² 当たり11万円です。
　この場合，A部分の取得価額は譲渡したときの時価により配分した価額によることができます。

$$5,000\,万円 \times \frac{13\,万円 \times 200\ m^2}{13\,万円 \times 200\ m^2 + 11\,万円 \times 300\ m^2} = 2{,}203.4\,万円$$

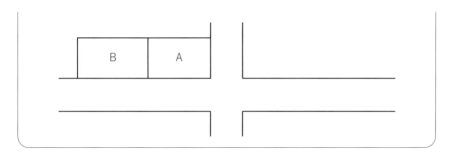

3　所有権等を確保するために要した訴訟費用等

　取得に関し争いのある資産の所有権等を確保するために，直接要した訴訟費用，和解費用等の額は，資産の取得に要した金額となります（所基通38-2）。

　ただし次のものは除かれます。

① **他の所得の計算上必要経費に算入されたもの**

② **相続争いに要した費用**

　財産を取得するための費用のようですが，相続財産を分割するための費用であることから取得費となりません。

③ **既に所有権のある資産を侵害されたことに伴う訴訟費用等**

　取得に関し争いがある資産の所有権等を確保するための費用は認められますが，既に取得した資産についての訴訟費用等は，その資産を維持管理する費用です。

4　割賦払いで取得した資産の取得費

　資産を取得するにあたって割賦払いとする場合があります。独立行政法人都市再生機構（UR）などが分譲する住宅などがあります。割賦で支払った金額には返済元本と利息相当額が混在します。賦払の契約により購入した固定資産に係る購入代価と賦払期間中の利息及び賦払金の回収費用等に相当する金額とが明らかに区分されている場合におけるその利息及び回収費用等に相当する金額は取得費となりません（所基通38-8）。ただし，取得した土地

建物の使用開始の日に対応する部分までは認められます。

参考判決・裁決事例

割賦販売の返済金には利息相当部分があるとした事例（要旨）

　請求人は，本件契約書に記載された譲渡代金の額（以下「本件譲渡代金の額」という。）は，区分できない一単位の譲渡対価であり，その額には利息は存在せず，所得税基本通達38−8の「購入代価と賦払期間中の利息及び賦払金の回収費用等に相当する金額とが明らかに区分されている場合」に該当しないことなどを理由として，本件譲渡代金の額をすべて支払った場合には，本件譲渡代金の額の全額が本件マンションの取得費に当たる旨主張する。

　しかしながら，①本件マンションは，即金譲渡価格が31,600,000円であると認められること，②本件契約書の別紙に記載されている割賦金は，本件案内書の即金譲渡価格31,600,000円，一時金3,000,000円のタイプの割賦金の額と一致することが認められること，③本件マンションの購入代価は，即金譲渡価格31,600,000円であると認められること，④本件譲渡代金の額に係る利息等相当部分は，本件譲渡代金の額のうち，購入代価31,600,000円を除いた52,911,100円であると認められることから，本件マンションの購入代価及び利息等相当部分が具体的な金額として区分されており，賦払の契約により明らかに区分されている場合に当たると認められる。したがって，本件マンションの購入代価及び利息等相当部分が具体的な金額として区分されており，賦払の契約により明らかに区分されている場合に当たると認められ，本件マンションの使用開始の日後の期間に係る利息等相当部分は取得費に当たらない。

（裁決　2006年（平成18年）4月7日）

TAINS　J71-2-12

5　リース資産の取得費

（1）賃借人におけるリース資産の取得費

　賃借人におけるリース資産の取得価額は，原則として，そのリース期間中

に支払うべきリース料の額の合計額によります。ただし，そのリース料の額の合計額のうち利息相当額から成る部分の金額を合理的に区分することができる場合，リース料の額の合計額から利息相当額を控除した金額をそのリース資産の取得価額とすることができます（所基通49-30の10）。

ただし次の点に留意します。

（ⅰ）再リース料の額は，原則として，リース資産の取得価額に算入しません。ただし，再リースをすることが明らかな場合，再リース料の額は，取得価額に含まれます。

（ⅱ）リース資産を業務の用に供するために賃借人が支出する付随費用の額は，リース資産の取得価額に含まれます。

（ⅲ）リース料の額の合計額から利息相当額を控除した金額をリース資産の取得価額とする場合，その利息相当額はリース期間の経過に応じて利息法又は定額法により必要経費の額に算入します。

（2）リース期間終了の時に賃借人がリース資産を購入した場合の取得価額等

賃借人がリース期間終了の時にそのリース取引の目的物であった資産を購入した場合（そのリース取引が所得税法施行令第120条の2第2項第5号イ若しくはロに掲げるもの又はこれらに準ずるものに該当する場合を除きます。），その購入の直前におけるその資産の取得価額にその購入代価の額を加算した金額を取得価額とし，その資産に係るその後の償却費は，次に掲げる区分に応じて計算します（所基通49-30の11）。

① リース取引が所有権移転リース取引（所有権移転外リース取引に該当しないリース取引をいいます。）であった場合

引き続きその資産について選定している償却の方法により計算します。

② リース取引が所有権移転外リース取引であった場合

その資産と同じ資産の区分である他の減価償却資産（リース資産に該当するものを除きます。）について選定している償却の方法に応じ，それぞれ次

により計算します。

　　イ）その選定している償却の方法が定額法である場合

　　　　その購入の直前における資産の未償却残額にその購入代価の額を加算
　　　した金額を取得価額とみなし，その資産と同じ資産の区分である他の減
　　　価償却資産に適用される耐用年数からリース期間を控除した年数（1年
　　　未満の端数がある場合には，その端数を切り捨て，2年に満たない場合
　　　には，2年とします。）に応ずる償却率により計算します。

　　ロ）その選定している償却の方法が定率法である場合

　　　　その資産と同じ資産の区分である他の減価償却資産に適用される耐用
　　　年数に応ずる償却率，改定償却率及び保証率により計算します。

　　　　（注）年の中途にリース期間が終了する場合のその年分の償却費の額は，リース期
　　　　　　間終了の日以前の期間につきリース期間定額法により計算した金額とリース
　　　　　　期間終了の日後の期間につき②により計算した金額との合計額によります。

（3）リース期間の終了に伴い返還を受けた資産の取得価額

　賃貸人がリース期間の終了に伴いそのリース取引の目的物であった資産を
賃借人から返還を受けた場合，リース期間終了の時に資産を取得したものと
します。この場合におけるその資産の取得価額は，原則として，返還の時の
価額によります。ただし，リース取引に係る契約において残価保証額の定め
があるときにおける資産の取得価額は，残価保証額とします（所基通49-30
の12）。

　ただし，次の点に留意します。

（ⅰ）リース期間の終了に伴い再リースをする場合においても同様としま
　　す。

（ⅱ）残価保証額とは，リース期間終了の時にリース資産の処分価額がリー
　　ス取引に係る契約において定められている保証額に満たない場合にそ
　　の満たない部分の金額をリース取引に係る賃借人その他の者がその賃
　　貸人に支払うこととされている場合におけるその保証額をいいます。

6 主たる部分を業務の用に供していない 譲渡資産の取得費

譲渡資産が業務の用と業務の用以外の用とに併用されていることがあります。この場合，所有期間を通じて，業務の用以外の部分が譲渡資産の90％以上であるときは，その資産の全部が業務の用以外の用に供されていたものとすることができます（所基通38-3）。

7 代物弁済で取得した資産の取得費

代物弁済で取得した資産は，通常債務の金額に応じた資産を代償対象財産とすることから，原則として債務の金額になります。ただし，債務額と資産の価額と一致しないことがあります。この場合，その資産の取得価額はその資産を取得したときの時価です。

　もう一押し！

債務の金額と取得した土地の価額が乖離している場合

債権金額1,000万円に対して時価600万円の土地を代物弁済として取得した。この場合の取得費は，600万円です。差額400万円は，債権者が債務者に対して免除した金額となります。

8 限定承認により取得した資産の取得費

限定承認があった場合，限定承認に係る被相続人に対して譲渡所得が課税されます。譲渡の相手方は相続人等です。限定承認により取得した資産は，相続人等が取得したときの価額（時価）です。限定承認については第1編④を参照してください。

9 離婚等に伴う分与財産の取得費

　離婚又は婚姻の取消し（民法 768，749）による財産の分与により取得した財産は，分与を受けた時に，その時の価額により取得したこととなります（所基通 38-6）。分与を受けたときに将来譲渡したときに備えて，その時の時価を確認しておくことが望ましいですが，難しいことでしょう。

10 代償分割で取得した資産の取得費

　代償分割により代償債務を負担した者から取得した資産は，履行があった時にその時の価額により取得したこととなります（所基通 38-7(2)）。なお，代償債務を負担した者は，キャピタル・ゲインの清算をすることから，その時の価額で譲渡所得の課税が行われることに留意します。

　また，代償分割により負担した債務に相当する金額は，債務を負担した者が取得した相続財産の取得費にはなりません（所基通 38-7(1)）。

11 共有持分の放棄により取得した資産の取得費

(1) 共有持分の放棄

　共有持分について民法第 255 条は「共有者の一人が，その持分を放棄したとき，又は死亡して相続人がないときは，その持分は，他の共有者に帰属する。」としています。他の共有者に対する財産の移転であることから，相続税法基本通達 9-12 において，他の共有者がその持分に応じ贈与又は遺贈により取得したものとして取り扱うこととなっています。

(2) 共有持分放棄により取得した共分の取得費

　共有持分放棄による取得は取得にあたって費用が生じないことから取得費は零です。ただし概算取得費は適用できます。

　贈与，相続又は遺贈により取得した資産を譲渡した場合の取得費は，贈与

者又は被相続人の取得費を引き継ぎます（所法60①）。共有持分の放棄による取得は贈与によるものではなく，相続税法第9条に規定される「その他の利益の享受」として贈与により取得したものとみなされます。所得税法第60条第1項は，みなし贈与による取得の場合の取得が規定されていません。そのためみなし贈与による取得の場合，贈与者等の取得費を引き継がないことになります。所得税法第9条第1項第16号では「相続，遺贈又は個人からの贈与により取得するもの（相続税法の規定により相続，遺贈又は個人からの贈与により取得したものとみなされるものを含む）」としています。

12　非業務用の固定資産の登録免許税等

　業務の用に供されるものを除く固定資産の登録免許税（登録に要する費用を含みます。），不動産取得税等固定資産の取得に伴う租税公課は取得費に算入します（所基通38-9）。なお，贈与，相続又は遺贈による取得に伴い納付することとなる登録免許税等については，第4章③を参照してください。

もう一押し！

業務用の固定資産の登録免許税等

　業務の用に供される資産に係る固定資産税，登録免許税（登録に要する費用を含み，資産の取得価額に算入されるものを除きます。），不動産取得税，地価税，特別土地保有税，事業所税，自動車取得税等は，業務上の各種所得の必要経費に算入します（所基通37-5）。

　減価償却資産の登録免許税（登録に要する費用を含みます。）を，その資産の取得価額に算入するかどうかについては，次によります。この場合，相続等により取得した減価償却資産を含みます（所基通49-3）。

① 特許権，鉱業権のように登録により権利が発生する資産に対応するものは，取得価額に算入します。

② 船舶，航空機，自動車のように業務の用に供するについて登録を要する資産に対応するものは，取得価額に算入しないことができます。

③ ①及び②以外の資産に対応するものは，取得価額に算入しません。

13 非事業用資産の取得費の計算上控除する減価償却費相当額

　譲渡所得の基因となる資産が家屋等減価する資産の取得費は，その資産が各種所得（不動産所得，事業所得，山林所得又は雑所得をいいます。）を生ずべき業務の用に供されていない資産（以下「非事業用資産」といいます。）であり，かつ，非事業用資産と同種の減価償却資産が所得税法施行令第6条第1号から第7号までに掲げる減価償却資産に該当する場合，取得費の計算上控除する減価償却費相当額については，所得税法第38条第1項に規定する合計額に相当する金額の100分の95に相当する金額が限度となることに留意します。

　なお，各種所得を生ずべき業務の用に供されていた期間については，所得税法第38条第1項に規定する合計額に相当する金額から，期間内の日の属する各年分の各種所得の金額の計算上必要経費に算入される償却費の額の累積額を控除して資産の取得費を計算します。ただし，業務の用に供されなくなった後に譲渡した場合，償却費の額の累積額が資産の合計額に相当する金額の100分の95に相当する金額を超えているときは，合計額に相当する金額から控除する減価償却費相当額は，償却費の額の累積額となります（所基通38-9の2）。

14 契約解除に伴い支出する違約金

　いったん締結した固定資産の取得に関する契約を解除して，他の固定資産を取得することとした場合に支出する違約金の額は，取得した固定資産の取得費又は取得価額に算入します。ただし他の所得の計算上必要経費に算入されたものは除かれます（所基通38-9の3）。

　譲渡契約を解除したことに伴い支出する違約金は譲渡費用として算入できます。第5章①を参照してください。

15　防壁，石垣積み等の費用

　埋立て，土盛り，地ならし，切土，防壁工事その他土地の造成又は改良のために要した費用の額はその土地の取得費に算入します。土地に施工した防壁，石垣積み等であっても，その規模，構造等からみて土地と区分して構築物とすることが適当と認められるものの費用の額は，土地の取得費に算入しないで，構築物の取得費とすることができます。また，上水道又は下水道の工事に要した費用の額についても，同様に構築物の取得費とすることができます（所基通38-10）。

　ただし，次の点に留意してください。

（ⅰ）専ら建物，構築物等の建設のために行う地質調査，地盤強化，地盛り，特殊な切土等土地の改良のためのものでない工事に要した費用の額は，その建物，構築物等の取得費に算入します。

（ⅱ）土地の測量費は，各種所得の金額の計算上必要経費に算入されたものを除き，土地の取得費に算入します。

16　土地，建物等の取得に際して支払う立退料等

　土地，建物等の取得に際し，土地，建物等を使用していた者に支払う立退料その他その者を立ち退かせるために要した金額は，取得費又は取得価額に算入します（所基通38-11）。

17　治山工事等の費用

　天然林を人工林に転換するために必要な地ごしらえ又は治山の工事のために支出した金額は，構築物の取得費に算入されるものを除き，林地の取得費に算入します（所基通38-13）。

18 土石等の譲渡に係る取得費

(1) 取得費

　土地の地表又は地中にある土石，砂利等（以下「土石等」といいます。）を譲渡した場合の譲渡所得の金額の計算上控除する取得費は，次に掲げる区分によります（所基通38-13の2）。

① 土石等の譲渡後におけるその土地の価額が，その土地の取得費に相当する金額以上である場合

　土石等の譲渡に係る取得費はないものとします。

② 上記①以外の場合

　その土地の取得費（土石等の譲渡前におけるその土地の価額が，その土地の取得費の額に満たない場合は，その価額）のうち，土石等の譲渡後におけるその土地の価額を超える部分の金額に相当する金額を土石等の譲渡に係る取得費とします。

　土石等の譲受者が，土石等の採取後，その土地について原状回復を行う場合には，上記の「土石等の譲渡後におけるその土地の価額」は原状回復後のその土地の価額によります。

(2) 原状回復した費用の取扱い

　その土地の所有者が土石等の譲渡後の土地について原状回復等を行った場合，その原状回復等に要した費用の額はその土地の取得費に算入します。

19 電話加入権の取得費

　電話加入権の取得費には，電気通信事業者との加入電話契約に基づいて支出する工事負担金のほか，屋内配線工事に要した費用等電話機を設置するために支出する費用（その費用の支出の目的となった資産を自己の所有とする場合のその設置のために支出するものを除きます。）が含まれます（所基通

38-14)。

20　借家権の取得費

（1）借家権の取得費

借家権の取得費の額は，借家権の取得にあたり支払った権利金の額から次の算式で計算した金額を控除した金額です（所基通 38-15）。

A÷B が 1 を超えるときは，1 とします。

$$
\text{権利金の額} \quad \times \quad \frac{\text{借家権を取得した日から譲渡する日までの期間（A）}}{\text{権利金の支出の効果の及ぶ期間（B）}}
$$

（2）借家権の取得費の計算にあたって留意すべきこと

（ⅰ）　事業で使用していた場合は，事業所得の計算上必要経費に算入される償却費の累積額です。

（ⅱ）　権利金の支出の効果の及ぶ期間は，所得税法基本通達50-3（繰延資産の償却期間）に定める償却期間によります。借家権は家屋と異なり，家屋の賃借権であることから非事業用で使用していたとしても，償却期間を 1.5 倍しません。

（ⅲ）借家権の取得費が不明な場合，概算取得費控除の適用はできません（所基通 38-16）。

21　土地建物等以外の資産の取得費

土地建物等以外の資産を譲渡した場合の取得費は，所得税法第38条及び第61条の規定に基づいて計算した金額です。収入金額の 100 分の 5 に相当する金額を取得費として譲渡所得の金額を計算して差し支えありません（所基通 38-16）。つまり概算取得費控除が適用できます。

ただし，譲渡所得の金額の計算上控除する取得費がないものとされる土地

の地表又は地中にある土石等並びに借家権及び漁業権等は除かれます。

　なお，配偶者居住権又は配偶者居住権の目的となっている建物の敷地の用に供される土地（土地の上に存する権利を含みます。）を配偶者居住権に基づき使用する権利の消滅につき対価の支払を受ける場合における譲渡所得の金額の計算上収入金額から控除する取得費については，第5編③を参照してください。

22　共有名義となっている相続財産の名義変更料

　すでに共同相続人の共有名義で登記されている相続財産を遺産分割の結果に基づいて，単独名義に変更する際の名義変更料等の登記名義移転手続きに要する費用は，相続財産の取得費になります（2011年（平成23年）4月14日東京高裁判決）。

23　原野を造成等して譲渡した場合の費用の取扱い

　原野である土地について地ならし，砂利敷きなど区画形質の変更を加えた後他に譲渡した場合のその費用は，その土地の改良費に該当し，譲渡費用には当たりません。その土地の取得費に該当します。そのため，概算取得費控除（措法31の4）である譲渡価額の5％を適用している場合，改良費と二重に控除することはできません。どちらか選択することになります。

　（参考：文書回答事例「長期譲渡所得の概算取得費控除の適用上の疑義について」昭和
　　51年9月3日（直審5-30））

24　純金積立の場合の取得費

　金地金（インゴット）の取得費は取得したときの価額によります。

　純金積立で取得した金を譲渡した場合，所得区分が雑所得又は譲渡所得に該当する場合の必要経費又は取得費は，「総平均法に準ずる方法」によります（所法48③，所令118）。純金積立はドルコスト平均法で購入されています。日々の購入単価の平均に基づく金額が取得価額になります。ドルコスト

平均法とは，価格が変動する投資商品を常に一定の金額で，時間を分散して定期的に買い続ける手法です。購入する投資商品の価格が高い時には少量，価格が安い時にはより多く購入していく投資方法で，平均買付けコストを引き下げていきます。

（参考：文書回答事例「金定額購入システムで取得した金地金を譲渡した場合の課税上の取扱いについて」平成 18 年 10 月 23 日）

もう一押し！

純金積立の場合の取得の日

　純金積立を譲渡した場合の所得区分が譲渡所得に該当する場合，その所有期間は，預り口座において先に取得したものから順次譲渡したもの（先入先出法）によります（所基通 33-6 の 4）。

3 概算取得費控除

1 概算取得費控除とは

　概算取得費控除とは，1952年（昭和27年）12月31日以前に取得した資産の取得価額が不明な場合，収入金額の5％を取得費として控除できる簡便な計算方法です。

　相続又は贈与により取得し，被相続人や贈与者が取得したときの価額が不明な場合，譲渡した者が取得した資産でも取得した時期が古すぎて記録がない場合等に譲渡価額を基に取得費を概算で計上できます。土地建物等の取得価額が不明な事例が大半ですが，総合譲渡対象資産でも適用できます。また，取得価額が不明な場合に限らず，実際の取得価額が譲渡収入金額の5％に満たない場合などでも適用できます。

　所得税法の取扱いと土地等を譲渡した場合の租税特別措置法の取扱いが規定されています。

2 1952年（昭和27年）12月31日以前に取得した資産の取得費

（1）概要

　1952年（昭和27年）12月31日以前に取得した資産の取得費は，次のとおり減価する資産及び減価しない資産に分離して計算します。所得税法の規定であるので総合課税対象資産の取得費のことをいいます。

　なお，1972年（昭和47年）12月31日以前に取得した資産の取得費についての取扱いは，別途所得税基本通達60-1で規定されています。第2章（取得の日）を参照してください。

（2）減価しない資産の場合

　譲渡所得の基因となる資産が 1952 年（昭和 27 年）12 月 31 日以前から引き続き所有していた資産である場合，その資産に係る譲渡所得の金額の計算上控除する取得費は，次のとおりです（所法 61 ②，所令 172 ①②）。

① 　原則

　1953 年（昭和 28 年）1 月 1 日における相続税評価額及びその日以後に支出した設備費及び改良費の額との合計額

② 　**1953 年（昭和 28 年）1 月 1 日における相続税評価額がその資産の取得に要した金額と同日前に支出した設備費及び改良費の額との合計額に満たないことが証明された場合**

　その資産の取得に要した金額と同日前に支出した設備費及び改良費の額及び 1953 年（昭和 28 年）1 月 1 日以後に支出した設備費及び改良費の合計額

③ 　**資産が資産再評価法の規定により再評価を行なっているものであり再評価額に満たない場合**

　再評価額及び 1953 年（昭和 28 年）1 月 1 日以後に支出した設備費及び改良費の合計額

（3）減価する資産の場合

　譲渡所得の基因となる資産が 1952 年（昭和 27 年）12 月 31 日以前から引き続き所有していた資産で，所得税法第 38 条第 2 項（使用又は期間の経過により減価する資産の取得費）の規定に該当するものである場合の取得費は次のとおりです（所法 61 ③）。

① 　原則

　その資産の 1953 年（昭和 28 年）1 月 1 日の相続税評価額と同日以後に支出した設備費及び改良費の額との合計額から，償却費の額の累計額又は減価の額を控除した金額

② 　**1953 年（昭和 28 年）1 月 1 日における相続税評価額がその資産の取得に要**

した金額と同日前に支出した設備費及び改良費の額との合計額に満たないことが証明された場合

その資産の取得に要した金額と同日前に支出した設備費及び改良費の額及び1953年（昭和28年）1月1日以後に支出した設備費及び改良費の合計額

③ 資産が資産再評価法の規定により再評価を行なっているものであり再評価額に満たない場合

再評価額及び1953年（昭和28年）1月1日以後に支出した設備費及び改良費の合計額

（4）土地建物等以外の譲渡資産の取得費

1952年（昭和27年）12月31日以前から所有している資産の取得費は，昭和28年1月1日現在の相続税評価額を基にした金額によります（所法61，所令172）。この取扱いは実務的ではないので，土地建物等以外の資産，例えば株式等の取得費であっても譲渡収入金額の5％（概算取得費）を適用することができます（所基通38-16）。

（5）概算取得費が適用できないもの

土地建物等以外の譲渡資産のうち，土地の地表又は地中にある土石等並びに借家権及び漁業権等は，本来取得するときに原価性が認められない資産であり，取得費がないものとされます。そのため，これらの資産の譲渡について，概算取得費を適用することはできません（所基通38-16）。

3 分離長期譲渡所得の概算取得費控除

（1）1952年（昭和27年）12月31日以前から所有している土地建物等の場合

分離長期譲渡所得の概算取得費控除とは，1952年（昭和27年）12月31日以前から所有している土地建物等を譲渡した場合，所得税法第38条及び

第 61 条の規定にかかわらずその譲渡収入金額の 5 ％を取得費として控除します（措法 31 の 4 ①）。

　ただし，土地建物等の実際の取得費（減価償却後）が，次の金額に満たない場合は，次の金額によります。実際の取得費の方が高い場合は，高い方を適用できる取扱いです。

（ⅰ）その土地等の取得に要した金額と改良費の額との合計額

（ⅱ）その建物等の取得に要した金額と設備費及び改良費の額との合計額について，所得税法第 38 条第 2 項（減価償却）の規定を適用した場合に取得費とされる金額

(2) 1953 年（昭和 28 年）1 月 1 日以降に取得した土地建物等の場合

　概算取得費控除は 1952 年（昭和 27 年）12 月 31 日以前に取得した土地建物等に適用されるものですが，実務的には 1953 年（昭和 28 年）以降に取得した土地建物等についても，その取得費が不明であることが大変多くあります。この場合，取得費について控除が全く認められないと，納税者に酷なこととなり実態にも合いません。そこで，1953 年（昭和 28 年）1 月 1 日以降に取得した土地建物等についても適用できることとなっています（措通 31 の 4-1）。

　1953 年（昭和 28 年）1 月 1 日以降に取得した土地建物等の取得費にも適用できるため，長期保有資産のみならず短期保有資産でも適用できます。また，事業用資産の買換えの特例や居住用資産の買換えの特例を適用して取得した資産を譲渡した場合，旧資産の取得価額を引き継ぎます。この引き継がれた価額と今回の譲渡価額に概算取得費控除を適用して算出された価額と比較して，概算取得費が高い場合，概算取得費を適用することができます。

　なお，建物等について概算取得費控除を適用した場合，減価償却費を考慮しません。

(3) 実際の取得費が判明している場合の概算取得費の計算

実際の取得費や改良費の合計額が多い場合には，実際の取得費を選択することができます。また，同時に売却した2つの資産のうち，取得価額の不明なもののみに対して適用ができます。

もう一押し！

土地建物を譲渡し，建物の取得価額が判明している場合の例

〔例1〕

土地建物を譲渡し，建物の取得価額が判明している場合，土地の取得価額部分のみに概算取得費の適用ができます。この場合，収入金額のうち土地に対応する金額に対し，5％を乗じて計算します。

譲渡価額30,000千円，土地の取得価額1,200千円，建物の減価償却後の価額320千円である場合，実際の取得価額を適用して計算した金額が有利です。

○ 概算取得費を適用した場合

譲渡価額　30,000千円×5％＝1,500千円

○ 実際の取得価額が判明している場合（有利）

土地取得価額1,200千円＋建物減価償却後の金額320千円＝1,520千円

〔例2〕

同時に売却した2つの資産（土地及び建物）で，取得価額の不明なもののみの適用ができます。

譲渡価額30,000千円内土地の譲渡価額25,000千円，土地の取得価額不明，建物の譲渡価額5,000千円，建物の減価償却後の価額3,000千円の場合，土地についてのみ概算取得費を適用できます。

○ 概算取得費を適用した場合

譲渡価額　30,000千円×5％＝1,500千円

○　建物があって取得価額が判明している場合

　土地の譲渡価額　25,000 千円

　土地の概算取得費　25,000 千円×5 ％＝1,250 千円

　建物の譲渡価額　5,000 千円

　建物取得費－減価償却費＝3,000 千円

もう一押し！

造成後に譲渡した場合の造成費と概算取得費

　土地の取得費は「その取得に要した金額並びに設備費及び改良費の額の合計額とする（所法 38 ①)」であることから，造成費は土地の取得費です。そのため造成費と概算取得費は重ねて控除することができません。

4 相続等により取得した資産の取得費

1 贈与・相続等により取得した資産の取得費

(1) 原則

　贈与，相続（限定承認に係るものを除きます。）又は遺贈（包括遺贈のうち限定承認に係るものを除きます。）（以下「相続等」といいます。）により取得した資産は，受贈者，相続人，受遺者（以下「相続人等」といいます。）が引き続き所有していたものとみなされます（所法60①）。つまり，譲渡所得の計算においては相続等があったとしても，資産の取得価額は贈与者，被相続人（以下「被相続人等」といいます。）が取得した時の価額を引き継ぎます。贈与や相続があった時の価額（時価）ではないことに留意します。資産が移転したときにキャピタル・ゲインに対する課税が行われず，相続等で取得した相続人等が譲渡したときに被相続人等が所有していた期間中のキャピタル・ゲインを含めて課税されます。

(2) 相続等により取得したときにみなし譲渡課税があった場合

　相続等で取得した資産又は時価の2分の1未満の価額（譲渡対価がその資産の取得費と譲渡費用の合計額より低い場合に限ります。）で取得した資産の取得費は，その時にみなし譲渡課税が行われている場合は，その時における時価で取得したものとみなされます（所法60②二）。課税の時期等については第2章3を参照してください。

(3) 概算取得費の適用

　(1)(2)で計算した取得費が譲渡収入金額の5％に満たない場合，譲渡収入金額の5％を取得費として計算できます。第4章2を参照してください。

2　相続等で取得したときに生じた費用

　相続等により資産を取得した相続人等が登記費用や名義変更料を負担せざるを得ないことがあります。このような，資産を取得するために通常必要と認められる費用を支出しているときは，資産の取得費に算入できます（所基通60-2）。ただし，所得税基本通達37-5《固定資産税等の必要経費算入》及び同49-3《業務用の固定資産の登録免許税等》の定めにより，各種所得の金額の計算上必要経費に算入された登録免許税，不動産取得税等は除かれます。相続や贈与により取得した資産を譲渡した時に活用できる取扱いですが，失念することが多いと思われます。

　相続等による取得に際して支払った費用は，相続に伴う単なる維持管理費用と取り扱われていましたが2005年（平成17年）2月1日の最高裁判決により，譲渡所得の計算にあたって取得費に加算することとなりました。取得費としては次のようなものがあります。

（ⅰ）不動産登記費用・不動産取得税

（ⅱ）ゴルフ会員権の名義変更手数料

（ⅲ）株式の名義変更手数料

（ⅳ）特許権，鉱業権の登録費用

参考判決・裁決事例

　法60条1項の規定の本旨は，増加益に対する課税の繰延べにあるから，この規定は，受贈者の譲渡所得の金額の計算において，受贈者の資産の保有期間に係る増加益に贈与者の資産の保有期間に係る増加益を合わせたものを超えて所得として把握することを予定していないというべきである。そして，受贈者が贈与者から資産を取得するための付随費用の額は，受贈者の資産の保有期間に係る増加益の計算において，「資産の取得に要した金額」（法38条1項）として収入金額から控除されるべき性質のものである。そうすると，上記付随費用の額は，法60条1項に基づいてされる譲渡所得の金額の計算において「資産の取得に要した金額」に当たると解すべきである。

3　特別縁故者が相続財産の分与により取得した財産

⑴　特別縁故者とは

　特別縁故者とは，被相続人に相続人がいない場合で，被相続人と生計を同じくしていた者，被相続人の療養看護に努めた者等被相続人と特別の縁故があった者をいいます（民法 958 の 3 ①）。

⑵　特別縁故者が取得した財産の価額

　相続税法第 4 条第 1 項に，特別縁故者が相続財産の全部又は一部を与えられた場合，その与えられた者が，その与えられた時におけるその財産の時価に相当する金額を被相続人から遺贈により取得したものとみなす，との規定があります。特別縁故者が取得した財産は，財産分与によるものであり，相続等によって取得したものではないことから所得税法第 60 条第 1 項《贈与等により取得した資産の取得費等》の適用はありません。財産分与の時が取得の時であり，その時の価額（時価）が取得価額です。遺贈により取得したものとみなすとしているのは，相続税の課税処理のための規定と考えられます。

4　限定承認により取得した財産

⑴　限定承認とは

　限定承認とは，被相続人の財産の額に対して債務の額が超過する恐れがある場合に活用される相続の方法です。限定承認による相続は，譲渡所得の基因となる資産の移転があった場合，その時の価額（時価）による譲渡があったものとみなされます（所法 59）。

⑵　譲渡価額

　限定承認があった場合，キャピタル・ゲイン課税の対象となる相続財産についてはみなし譲渡課税となります。譲渡価額はその事由が生じた時の価額に相当する金額です。その事由が生じた時というのは相続開始日であり，その事由が生じた時の価額とは時価のことをいいます（所法59①）。

⑶　限定承認により財産を取得した場合の取得費

　限定承認により相続財産を引き継いだ相続人が，その財産を将来譲渡する場合の取得価額は，限定承認が行われた時の時価によります。これは，被相続人の譲渡所得が相続開始時点において時価で課税されているため，その財産を取得した相続人は時価で取得したことになるからです。

5 相続財産を譲渡した場合の取得費の特例

　相続財産を譲渡した場合の取得費の特例（以下「相続税の取得費加算の特例」といいます。）は，相続又は遺贈により取得した財産を，相続の開始があった日の翌日から，相続税の申告書の提出期限の翌日以後3年を経過する日までの間に譲渡した場合，譲渡した財産に対する相続税額を取得費として加算できる特例です。

　相続直後の相続財産の譲渡は，相続税の納税資金を捻出するためであることが多いようです。相続税と所得税は税体系が異なり連動するものではないですが，相続税に続く所得税の負担という，相続人の二重の負担感を緩和するために設けられた特例です。1970年（昭和45年）の創設当初は，譲渡した相続財産に対応する税額のみを控除していました。昭和の終わりから平成初頭のいわゆるバブル期に土地等の異常な高騰があり，相続財産のうち土地等の占める割合が高まり，必然的に相続税の負担が大きくなりました。そこで，1993年（平成5年）分から相続開始により取得した土地等については，土地等に係る相続税額を全額控除できるようになりました。この取扱いは2014年（平成26年）12月31日までに相続開始があったものについて適用されました。

　2015年（平成27年）1月1日以後に相続等により取得した財産を譲渡した場合の相続税額の取得費については，その譲渡した土地等に対応する相続税相当額が控除されることとなりました（措法39①，措令25の16①）。譲渡していない土地等に対応する相続税額まで控除していたものを是正し，本来の姿に戻ったこととなります。

1　特例の適用要件

　相続財産を譲渡した場合の，相続税の取得費加算の特例の適用要件は次のとおりです（措法39）。

（ⅰ）相続又は遺贈（贈与者の死亡により効力を生ずる贈与を含みます。）により財産を取得していること

（ⅱ）相続税を納付していること

（ⅲ）相続の開始があった日の翌日から，相続税の申告書の提出期限の翌日以後3年を経過する日までの間に，課税価格の計算の基礎に算入された資産（以下「相続財産」といいます。）を譲渡していること

 もう一押し！

引渡しが相続税申告期限後3年を経過した場合の取得費加算

Q　X1年11月10日に父が死亡し，貸家とその敷地を相続し，相続税を納付した。X5年8月末にこの貸家及びその敷地の譲渡契約を締結しX6年1月に引き渡した。相続税の取得費加算を受けられるか。

A　相続税の取得費加算を受けられる譲渡の期限は，相続の開始があった日の翌日から相続税の申告書の提出期限の翌日以後3年以内に譲渡した場合に限られます。引渡しが相続税の申告期限（X2年9月10日）の翌日以後3年を経過していますが，契約が申告書の提出期限の翌日以後3年以内であることから，契約の時を選択すれば適用できます。

もう一押し！

特例が適用できる期限

　特例が適用できる期限は，相続の開始があった日の翌日から，相続税の申告書の提出期限の翌日以後3年を経過する日までの間です。相続税の申告期限は，相

続の開始があったことを知った日の翌日から 10 か月以内です。一般的には相続開始日から 10 か月以内に申告をするので，特例適用期限は相続開始から 3 年 10 か月以内と規定すればいいと考えられます。しかし，相続税の申告期限は「相続開始があったことを知った日」から 10 か月で，複数の相続人がいる場合「相続開始があったことを知った日」が異なることが想定されます。「相続税の申告期限」が相続人により異なることからこのような規定振りとなったのではないかと考えられます。

2　加算する金額の計算

(1) 計算式

2015 年（平成 27 年）1 月 1 日以後に開始する相続等により取得した相続財産を譲渡した場合，相続税額のうち，その譲渡した資産に対応する相続税額を，取得費に加算することができます（措令 25 の 16 ①）。

$$
譲渡者の相続税額 \times \frac{譲渡者の譲渡した資産の価額}{\substack{譲渡者の相続税の課税価格 \\ （課税価格 + 債務控除額）}}
$$

(2) 計算の基となる相続税額とは

相続税額とは，譲渡をした資産の取得の基因となった相続等による相続税額で，譲渡の日の属する年分の，所得税の納税義務の成立する時（その時が，相続税申告書の提出期限内における相続税申告書の提出期限前である場合には，提出の時）において確定しているものをいいます（措令 25 の 16 ①）。

具体的には次によります（措通 39-2）。

① 原則

国税通則法第 15 条第 2 項第 1 号に掲げる暦年の終了の時。原則として，譲渡した年の 12 月 31 日のこと。

② 　**例外**

　年の中途において死亡した者は死亡の時，年の中途において出国する者は出国の時。

（3） 所得税の納税義務成立後に相続税額が確定する場合等

　所得税の納税義務の成立する時が，相続税の申告書の提出期限前である場合，たとえその時において確定している相続税額がない場合であっても，相続税の提出期限までに相続税額が確定したときは，相続税の取得費加算の特例の適用ができます（措通 39-1）。相続税の期限内申告が要件です。

もう一押し！

納税義務の確定の事例

　相続開始日が X0 年 11 月 1 日で，相続財産を譲渡したのが X0 年 12 月 1 日である事例の場合です。所得税の納税義務が成立する日は X0 年 12 月 31 日ですが，その時点で相続税額が確定していません。そのため，X0 年分の所得税の確定申告の時には相続税額が確定していないことから，譲渡所得の計算において相続税額の取得費加算ができません。しかし X1 年 9 月 1 日の相続税の申告期限までに相続税額を確定させ，期限内申告をした場合，譲渡した財産に対応する相続税額を X0 年分の譲渡所得の計算において取得費に加算することができます。この場合，相続税の申告をした日の翌日から 2 か月以内に所得税の更正の請求をします。

相続開始日	相続財産の譲渡の日	所得税の納税義務の成立の日	所得税の確定申告期限	相続税の申告期限
▼	▼	▼	▼	▼
X0.11.1	X0.12.1	X0.12.31	X1.3.15	X1.9.1

（4） 贈与税額控除額がないものとして計算した相続税額

　相続税額は，次に掲げる者の区分に応じ，それぞれ次に掲げる金額となる

ことに留意します（措通 39-4）。

① 納付すべき相続税額がある者

その者の相続税額に相続税法第 19 条《相続開始前 3 年以内に贈与があっ
た場合の相続税額》の規定により控除される贈与税の額を加算した金額

② 納付すべき相続税額がない者

相続税法第 19 条の規定により控除される贈与税の額（その者のものに限
ります。）がないものとして同法第 15 条《遺産に係る基礎控除》から第 20 条
の 2《在外財産に対する相続税額の控除》及び第 21 条の 14《相続時精算課
税に係る相続税額》から第 21 条の 18 までの規定により算出した金額

3 相続税の課税価格

（1）相続税の課税価格とは

譲渡所得の計算の上で「相続税の課税価格」とは，相続開始前 3 年以内の
贈与財産及び相続時精算課税財産を加算した金額です。この場合，贈与税の
納税額がある場合でも，計算上は考慮しません。

（2）非課税財産がある場合の課税価格

課税価格には，相続税法第 12 条第 1 項《相続税の非課税財産》及び租税
特別措置法第 70 条第 1 項《国等に対して相続財産を贈与した場合の相続税
の非課税》の規定により相続税の課税価格に算入されない財産の価額は含ま
れません（措通 39-3）。

4 相続財産を 2 以上譲渡した場合の取得費に加算する相続税額

相続税の課税価格の計算の基礎に算入された資産を，同一年中に 2 以上譲
渡した場合の譲渡した資産に対応する部分の相続税額は，租税特別措置法第
39 条第 8 項の規定により譲渡した資産ごとに計算します。たとえ譲渡した資

産のうちに譲渡損失の生じた資産があり，譲渡損失の生じた資産に対応する部分の相続税額を，取得費に加算することができない場合であっても，相続税額を他の譲渡資産の取得費に加算することはできません（措通 39-5）。

5　相続財産の譲渡に際して，交換の特例等の適用を受ける場合の相続税額の加算

　相続税の課税価格の計算の基礎に算入された資産を譲渡し所得税法第 58 条等，交換の特例等の適用を受けた場合，資産のうちの一部について譲渡があったものとされる部分，又は租税特別措置法第 35 条第 3 項の規定の適用対象とならない部分があるときは，取得費に加算される金額は，相続税額に次の区分に応じ，次の算式により計算した金額が課税価格のうちに占める割合を乗じて計算した金額によります（措通 39-6）

① 　交換差金等がある交換で，所得税法第 58 条（固定資産の交換の特例）の規定の適用を受けた場合

$$
\text{譲渡資産の相続税の課税価格の計算の基礎に算入された価額（以下「相続税評価額」といいます。）} \times \frac{\text{取得した交換差金等の額}}{\text{取得した交換差金等の額} + \text{交換取得資産の価額}}
$$

② 　収用等による資産の譲渡又は特定資産の譲渡で，租税特別措置法第 33 条（収用代替えの特例），第 36 条の 2（特定の居住用財産の買換えの特例），第 36 条の 5（特定の居住用財産の交換の特例）又は第 37 条の 5（特定民間再開発事業の場合の買換えの特例）の規定の適用を受けた場合

$$
\text{相続税評価額} \times \frac{\text{譲渡資産の譲渡による収入金額} - \text{代替資産又は買換資産の取得価額}}{\text{譲渡資産の譲渡による収入金額}}
$$

③ 交換処分等による譲渡につき租税特別措置法第 33 条の 2 第 1 項の規定の適用を受けた場合

$$
相続税評価額 \quad \times \quad \frac{取得した補償金等の額}{取得した補償金等の額 \quad + \quad 交換取得資産の価額}
$$

④ 特定資産の譲渡につき租税特別措置法第 37 条又は第 37 条の 4 の規定の適用を受けた場合

$$
相続税評価額 \quad \times \quad \frac{譲渡資産について譲渡が\\あったものとされる部分に対応する収入金額}{譲渡資産の譲渡による収入金額}
$$

⑤ 相続の開始の直前において被相続人の居住の用に供されていた家屋又はその敷地等の譲渡につき租税特別措置法第 35 条第 3 項（相続財産の 3,000 万円控除の特例）の規定の適用を受けた場合

$$
相続税評価額 \quad \times \quad \frac{譲渡資産のうち特例の\\適用対象とならない部分に対応する収入金額}{譲渡資産の譲渡による収入金額}
$$

6 代償金を支払って取得した相続財産を譲渡した場合の取得費加算額の計算

代償金を支払って取得した相続財産を譲渡した場合の取得費に加算する相続税額は、次の算式により計算します（措通 39-7）。

なお、「確定した相続税額」とは、租税特別措置法施行令第 25 条の 16 第 1 項第 1 号に掲げる相続税額をいい、同条第 2 項に該当する場合はその相続税額をいいます。

また、支払代償金については、相続税法基本通達 11 の 2-10《代償財産の価額》に定める金額によります。

$$\text{確定した相続税額} \times \frac{\text{譲渡資産の相続税評価額B} - \text{支払い代償金C} \times \dfrac{B}{A+C}}{\text{譲渡者の相続税の課税価格（債務控除前）A}}$$

7　相続税額に異動が生ずる更正であっても再計算をしない場合

　資産の譲渡の日の属する年分の所得税の納税義務の成立の時，又は相続税の申告書の提出期限のうち，いずれか遅い日を経過した後に行われた相続税の申告，又は遅い日を経過した後に行われた相続若しくは遺贈に係る相続税の決定に対する修正申告書の提出又は更正があった場合，特例の適用はできません（措通39-8）。これは，所得税の納税義務の成立の日又は相続税の申告期限を過ぎて申告をした場合には，相続税の取得費加算の特例が適用できないこととなるので，注意しなければなりません。

8　判決等により相続税額が異動した場合

　相続税についての再調査の請求に係る決定，審査請求に係る裁決又は判決により相続税額に異動が生じた場合，更正があった場合に準じ，異動後の相続税額を基礎として取得費に加算すべき金額を再計算します（措通39-9）。

9　取得費に加算すべき相続税額の再計算

　次に該当する場合，修正申告又は更正後の相続税額を基礎として取得費に加算すべき金額を再計算しますが，修正申告書の提出がある場合を除き，税務署長は国税通則法第24条又は第26条の規定により更正することとなります。この場合，同法第70条に規定する更正をすることができる期間を超えて更正することはできません（措通39-10）。

① **租税特別措置法施行令第25条の16第2項の規定の適用がある場合**

　所得税の納税義務の成立後に，相続税の修正申告書の提出又は国税通則法

第 24 条又は第 26 条の更正があった場合

② **判決等により相続税額が異動した場合（措通 39-9）により，租税特別措置法施行令第 25 条の 16 第 2 項の更正があった場合に準じて取り扱う場合**

相続税についての再調査の請求に係る決定，審査請求に係る裁決又は判決により，相続税額に異動が生じた場合

10 第 2 次相続人が第 1 次相続に係る相続財産を譲渡した場合の取得費加算額の計算

相続等により財産を取得した個人のうち，相続税の取得費加算の特例の適用を受けることができる者（以下「第 1 次相続人」といいます。）について，租税特別措置法第 39 条第 1 項に規定する期間内に相続が開始した場合（以下「第 2 次相続」といいます。），第 2 次相続により財産を取得した相続人又は包括受遺者（以下「第 2 次相続人」といいます。）が特例対象資産（第 1 次相続人の相続税の課税価格の計算の基礎に算入された譲渡所得の基因となる資産をいいます。）を第 1 次相続（第 1 次相続人が特例対象資産を相続等により取得したときの相続）に係る租税特別措置法第 39 条第 1 項に規定する期間内に譲渡した場合，第 1 次相続人が死亡する直前において取得費に加算できる金額（以下「第 1 次限度額」といいます。）を第 2 次相続人が承継しているものとみなして相続税の取得費加算の特例が適用できます（措通 39-11）。

① 上記の場合において，租税特別措置法第 39 条第 1 項の規定により譲渡した特例対象資産の取得費に加算する金額は，次の算式により計算した金額とします。

$$譲渡した特例対象資産に係る取得費加算額 = A \times \frac{C}{B}$$

（注） 算式中の符号は，次のとおりです。
・A：第 2 次相続人の適用限度額をいい，次の（計算式 1）により算出した第 1 次限

度額を基に，次の（計算式 2）により算出する。

（計算式1）

$$\left[\text{第 1 次相続に係る相続税額} \times \frac{\text{第1次相続に係る特例対象資産の価額の合計額}}{\text{第1次相続に係る相続税の課税価格（債務控除前）}} \right] - \text{既に適用を受けた取得費加算額}$$

＝ 第1次限度額

（計算式2）

$$\text{第1次限度額} \times \frac{\text{第2次相続人の第2次相続に係る相続税の課税価格の計算の基礎に算入された特例対象資産の価額の合計額}}{\text{第2次相続に係る相続税の課税価格の計算の基礎に算入された特例対象資産の価額の合計額}}$$

＝ 第2次相続人の適用限度額

・B：第 2 次相続に係る相続税の課税価格の計算の基礎に算入された特例対象資産の価額の合計額

・C：第 2 次相続に係る相続税の課税価格の計算の基礎に算入された特例対象資産である譲渡資産の価額

② 　相続税の申告義務がないことなどにより，第 2 次相続の相続税の申告書の提出がない場合の上記①の計算は，第 2 次相続の相続税の課税価格の計算の基礎に算入すべき特例対象資産の価額を基に行います。

③ 　特例対象資産は，第 2 次相続人が第 2 次相続により取得した資産でもあることから，取得費に加算する金額の計算にあたっては，第 1 次相続の金額を基として行うか，又は第 2 次相続の金額を基として行うかは，譲渡した特例対象資産ごとに資産を譲渡した第 2 次相続人の選択したところによります。

11 相続時精算課税適用者の死亡後に特定贈与者が死亡した場合

　相続時精算課税適用者の死亡後に，特定贈与者が死亡した場合，相続税法第 21 条の 17 第 1 項に規定する納税に係る権利又は義務を承継した相続時精

算課税適用者の相続人（以下「承継相続人」といいます。）が，特定贈与者からの贈与財産のうち同法第21条の9第3項の規定の適用を受けたもの（以下「相続時精算課税適用資産」といいます。）を相続時精算課税適用者から相続等により取得しているときには，相続時精算課税適用資産は，租税特別措置法第39条の規定の適用上，相続時精算課税適用者及び特定贈与者の相続税の課税価格の計算の基礎にそれぞれ算入された資産とし，承継相続人が相続時精算課税適用資産を，それぞれの特例適用期間内に譲渡したときには，いずれの相続税額についても同条の規定を適用して差し支えありません。相続税法第21条の18第2項に規定する相続人についても，また同様とします。

なお，この場合における租税特別措置法第39条の規定の適用については，相続時精算課税適用者の死亡に係る相続税額を先に適用します。ただし，承継相続人が特定贈与者に係る相続税額を先に適用して申告したときは，その申告が認められます（措通39-13）。

12 延滞税の計算の基礎となる期間に算入しないこととされる所得税の額

租税特別措置法第39条第9項に規定する納付すべき所得税の額（相続税法第32条第1項《更正の請求の特則》の規定による更正の請求を行ったことにより租税特別措置法第39条第1項の相続税額が減少した場合，相続税額が減少したことに伴い修正申告書を提出したこと又は更正があったことにより納付すべき所得税の額をいいます。）については，次の区分に応じ，それぞれに掲げる金額が限度となります（措法39-15）。

① 相続税法第32条第1項に掲げる事由以外の他の相続税に係る事由による租税特別措置法第39条第1項の相続税額の異動に伴う所得税の額の異動がある場合

次のイ又はロのうちいずれか低い金額

イ　所得税の修正申告書を提出したこと又は更正があったことにより納付すべき所得税の額（以下「所得税の修正申告等により納付すべき所得税

の額」といいます。)

ロ　他の相続税に係る事由がないものとして計算される「租税特別措置法
第39条第9項に規定する納付すべき所得税の額」

②　「租税特別措置法第39条第9項に規定する納付すべき所得税の額」の異動以
外の他の所得税に係る事由による所得税の額の異動がある場合

次のイ又はロのいずれか低い金額

イ　所得税の修正申告等により納付すべき所得税の額

ロ　他の所得税に係る事由がないものとして計算される「租税特別措置法
第39条第9項に規定する納付すべき所得税の額」

③　相続税法第32条第1項に掲げる事由以外の他の相続税に係る事由による租
税特別措置法第39条第1項の相続税額の異動に伴う所得税の額の異動があり,
かつ,「租税特別措置法第39条第9項に規定する納付すべき所得税の額」の異
動以外の他の所得税に係る事由による所得税の額の異動がある場合

次のイ又はロのいずれか低い金額

イ　所得税の修正申告等により納付すべき所得税の額

ロ　他の相続税に係る事由及び当該他の所得税に係る事由がないものとし
て計算される「租税特別措置法第39条第9項に規定する納付すべき所
得税の額」

13　所得税の更正の請求

次の各号に掲げる者が相続税の取得費加算の特例を適用することにより,
譲渡した年分の所得税について,所得税法第153条の2第1項各号に該当す
る場合,それぞれ次の各号に定める日まで,税務署長に対し,更正の請求を
することができます（措法39④）。

①　資産を譲渡した日の属する年分の確定申告期限の翌日から，相続税申告期限までの間に相続税申告書の提出（以下「相続税の期限内申告書の提出」といいます。）をした者（確定申告期限までに既に相続税申告書の提出をした者，及び相続税の期限内申告書の提出後に確定申告書の提出をした者を除きます。）	相続税の期限内申告書の提出をした日の翌日から2か月を経過する日
②　資産を譲渡した日以後に相続又は遺贈に係る被相続人（包括遺贈者を含む）の相続の開始の日の属する年分の所得税につき所得税法第60条の3第6項前段の規定の適用があったことにより，同法第151条の3第1項の規定による修正申告書の提出又は同法第153条の3第1項の規定による更正の請求に基づく国税通則法第24条又は第26条の規定による更正（請求に対する処分に係る不服申立て又は訴えについての決定若しくは裁決又は判決を含みます。以下「更正」といいます。）があった者	修正申告書の提出又は更正があった日の翌日から4か月を経過する日
③　資産を譲渡した日以後に相続又は遺贈に係る被相続人（包括遺贈者を含みます。）の相続の開始の日の属する年分の所得税につき所得税第151条の6第1項に規定する遺産分割等の事由が生じたことにより，同項の規定による修正申告書の提出又は同法第153条の5の規定による更正の請求に基づく更正があった者	修正申告書の提出又は更正があつた日の翌日から4か月を経過する日

14　相続税額の取得加算の特例を適用するにあたっての実務的判断

　相続税を取得費に加算した所得税の確定申告書を提出した後，更正等により相続税が異動することがあります。この場合は，更正後の相続税額を基に計算することになります（措令25の16③）。

　また，相続税について修正申告書の提出，異議申立ての決定，審査請求による裁決等により，相続税額に異動が生じた場合にも同様に，移動後の相続税額を基礎として取得に加算する金額の再計算を行います（措通39-17）。この特例を適用している場合，相続税の処理だけでは完結しません。

もう一押し！

相続税の修正申告を行った場合

Q　昨年6月に死亡した父の相続財産を同年中に譲渡して租税特別措置法第39条の適用を受けて確定申告をした。その後相続税の調査があり，申告漏れ財産があったため修正申告書を提出し追加納税した。所得税の計算に影響はないか。

A　相続税の修正申告により相続税額が増額となった。取得費に加算される相続税額が増額となるため，所得金額が減少する。そのため所得税の更正の請求を行い納め過ぎた所得税を還付請求する。

　相続税が更正の請求等で減額となった場合は，取得費に加算される相続税額が減額となるため，所得税の修正申告書を提出することになる。

（国税庁質疑応答事例）

6 借地権等の設定と取得費

1 借地権等を設定した場合の取得費

借地権等の設定の対価による所得が譲渡所得とされる場合の取得費は，次の区分に応じて計算した金額です（所基通 38-4）。借地権等を設定したことにより譲渡所得となる場合については第 1 編④を参照してください。

なお，この算式により計算した金額が赤字となる場合は，その赤字は零とします。

① 土地について初めて借地権等を設定した場合

土地を取得したときの費用のうち借地権に相当する部分の金額を算出します。

$$\text{その借地権等を設定した土地の取得費(A)} \times \frac{\text{その借地権等の設定の対価として支払を受ける金額(B)}}{\text{B＋その土地の底地としての価額(C)}}$$

② 現に借地権等を設定している土地についてさらに借地権等を設定した場合

$$\left(\text{A} - \text{現に設定されている借地権等につき①により計算して取得費とされた金額}\right) \times \frac{\text{B}}{\text{B＋C}}$$

③ 先に借地権等の設定があった土地で現に借地権等を設定していないものについて借地権等を設定した場合（所基通 38-4 の 2（次項で解説する部分）の取扱いが適用される場合を除きます。）

その土地の取得費のうち，以前に借地権等を設定し譲渡所得の計算において取得費として算入した部分は，今回の借地権の設定の取得費から除かれます。

$$A \times \frac{B}{B+C} - \text{先に設定した借地権等につき①により計算して取得費とされた金額}$$

 ## 2 借地権等を消滅させた後，土地を譲渡した場合等の取得費

　借地権等が設定されている土地の所有者が，対価を支払って借地権等を消滅させ，又は借地権等の贈与を受けたことにより借地権等が消滅した後に土地を譲渡し，又は土地に新たな借地権等の設定（その設定による所得が譲渡所得とされる場合に限ります。）をした場合の譲渡所得の金額の計算上控除する旧借地権部分及び旧底地部分の取得費は，次の区分に応じる算式により計算した金額によります（所基通38-4の2）。

(1) 土地を譲渡した場合

① 旧借地権部分に係る取得費

$$\text{旧借地権等の消滅につき支払った対価の額（A）} \times \frac{\text{その土地のうち譲渡した部分の面積}}{\text{その土地の面積}}$$

（注）「旧借地権等の消滅につき支払った対価の額」は，所得税法第60条第1項《贈与等により取得した資産の取得費等》の規定の適用がある場合には，その計算した金額となります。

② 旧底地部分に係る取得費

$$\left(\begin{array}{l} \text{譲渡又は借地権} \\ \text{等を設定した土} \\ \text{地の取得費（B）} \end{array} - \begin{array}{l} \text{先に設定した借地権等の} \\ \text{所基通38-4により計算し} \\ \text{て取得費とされた金額（C）} \end{array} \right) \times \frac{\text{その土地のうち譲渡した部分の面積}}{\text{その土地の面積}}$$

⑵ 土地に新たに借地権等の設定をした場合

① 旧借地権部分に係る取得費

$$\{(B-C)+A\} \quad \times \quad \frac{\text{新たに設定した借地}}{\text{新たに借地権等を設定した時}} \quad \times \quad \frac{A}{(B-C)+A}$$

② 旧底地部分に係る取得費

$$\{(B-C)+A\} \quad \times \quad \frac{D}{E} \quad \times \quad \frac{B-C}{(B-C)+A}$$

3　底地を取得した後，土地を譲渡した場合等の取得費

　借地権者が，底地を取得した後にその土地を譲渡し，又は土地に借地権等の設定をした場合の譲渡所得の計算上控除する所得税基本通達33-11の3に定める旧底地部分及び旧借地権部分に係る取得費は，次の算式により計算した金額によります（所基通38-4の3）。

⑴ 土地を譲渡した場合

① 旧底地部分に係る取得費

$$\frac{\text{底地の取得のため}}{\text{に要した金額(A)}} \quad \times \quad \frac{\text{その土地のうち譲渡した部分の面積}}{\text{その土地の面積}}$$

（注）「底地の取得のために要した金額」は，所得税法第60条第1項の規定の適用がある場合には，同項の規定により計算した金額となります。

② 旧借地権部分に係る取得費

$$\text{旧借地権等の設定又は取得に要した金額(B)} \times \frac{\text{その土地のうち譲渡した部分の面積}}{\text{その土地の面積}}$$

⑵　当該土地につき借地権等の設定をした場合

① 旧底地部分に係る取得費

$$(A+B) \times \frac{\text{借地権等の設定の対価の額(C)}}{\text{借地権等を設定した時のその土地の更地価額(D)}} \times \frac{A}{A+B}$$

② 旧借地権部分に係る取得費

$$(A+B) \times \frac{(C)}{(D)} \times \frac{B}{A+B}$$

7 減価償却資産の取得費

　譲渡した資産が建物，構築物又は機械等，使用又は期間の経過により減価する資産の取得費は，資産の取得に要した金額並びに設備費及び改良費の合計額に相当する金額から，取得の日から譲渡の日までの期間に対応する減価償却費相当額を控除した金額によります（所法 38 ②）。減価償却費相当額は事業用資産又は非事業用資産の別に次のように計算されます。

1　事業用資産

　不動産所得，事業所得，山林所得又は雑所得を生ずべき業務の用に供されていた事業用資産の減価償却は，譲渡した時までの減価償却費の累積額（事業等に供していた期間の各年分の所得金額の計算上必要経費に算入された償却費の額の累積額です。）が，減価償却費相当額となります。事業用資産は，未償却残高が取得費となります。

　なお，2007 年（平成 19 年）3 月 31 日以前に取得したものと 2007 年（平成 19 年）4 月 1 日以後に取得したものとの取扱いが異なります。

⑴　2007 年（平成 19 年）3 月 31 日以前に取得された資産である場合

　旧定額法の場合の減価償却費の累積額は次のように計算します（所令 120 ①）。

$$
\text{減価償却の累積額} = \left[\begin{array}{l} \text{取得価額} \\ \text{設備費} \\ \text{改良費の合計額} \end{array}\right] \times 90\% \times \text{耐用年数に応ずる定額法の償却率} \times \frac{\text{経過総月数}}{12}
$$

・経過総月数に 1 か月未満の端数があるときは 1 か月とします。

・減価償却費の累積額が償却可能限度額（取得価額の 95 ％相当額）まで達した場合，そ

の達した翌年分以後の5年間で1円まで償却することができます（所令134①1，②）。

> 償却費の額 ＝（取得価額 － 取得価額の95％相当額 － 1円）÷ 5年

⑵　2007年（平成19年）4月1日以降に取得された資産である場合

譲渡した時までの減価償却費の累積額が，減価償却費相当額です。

$$
\begin{array}{c}
\text{減価償却の} \\
\text{累積額}
\end{array}
=
\left[
\begin{array}{c}
\text{取得価額} \\
\text{設備費} \\
\text{改良費の合計額}
\end{array}
\right]
\times
\begin{array}{c}
\text{耐用年数に応ずる} \\
\text{定額法の償却率}
\end{array}
\times
\dfrac{\text{経過総月数}}{12}
$$

・経過総月数に1か月未満の端数があるときは1か月とします。

・減価償却費の累積額は，取得価額から1円を控除した金額を限度とします（所令 134①二）。

もう一押し！

相続により取得した減価償却資産の耐用年数

【照会要旨】

　相続（限定承認を除きます。以下同じ）により取得した賃貸用の建物（以下「本件資産」といいます）を引き続き賃貸の用に供した場合に，本件資産の減価償却費の計算における耐用年数は，減価償却資産の耐用年数等に関する省令（以下「耐用年数省令」といいます）第3条第1項《中古資産の耐用年数等》の中古資産に係る見積もりによる使用可能期間に基づく年数とすることができますか。

【回答要旨】

　相続により取得した本件資産の減価償却費の計算における耐用年数は，耐用年数省令第3条第1項の中古資産に係る見積もりによる使用可能期間に基づく年数とすることはできません。

　相続等により取得した資産について，所得税法施行令第126条第2項《減価償却資産の取得価額》の規定では，所得税法第60条1項《贈与等により取得した

資産の取得費等》に規定する相続等により取得した資産が減価償却資産である場合の取得価額は，その減価償却資産を取得した者が引き続き所有していたものとみなした場合におけるその減価償却資産の取得価額に相当する金額とすることとされています。

　また，所得税法第60条1項の規定は，同項に規定する相続等によって取得した資産を譲渡した場合における譲渡所得等の金額の計算については，その取得をした者が引き続きその資産を所有していたものとみなすこととされています。

　したがって，相続により取得した本件資産について，耐用年数省令第3条第1項の規定に基づき算出した年数により減価償却費を計算することはできず，被相続人から取得価額，耐用年数，経過年数及び未償却残高を引き継いで減価償却費を計算することになります。

（国税庁質疑応答事例）

2　非事業用資産

　1 以外の用に供されていた資産，つまり非事業用資産の減価償却費は次のように計算します（所令85）。

$$
\begin{matrix}減価償却の\\累積額\end{matrix} = \begin{bmatrix}取得価額\\設備費\\改良費の合計額\end{bmatrix} \times 90\% \times \begin{matrix}耐用年数の\\1.5倍の旧定額法\\の償却率\end{matrix} \times \frac{経過総月数}{12}
$$

・償却費相当額は取得価額の100分の95に相当する額が限度です。なお，資産を各種所得を生ずべき業務の用に供されなくなった後に譲渡した場合，資産の償却費の額の累積額が100分の95に相当する金額を超えているときは，減価償却費相当額は，その償却費の額の累積額となります（所令85①，134①一イ，所基通38-9の2）。

・譲渡資産の耐用年数は1.5倍の年数で計算します。1年未満の端数が生じた場合はその端数は切り捨てます（所令85②一）。

・経過年数は6か月以上の端数は1年とし，6か月未満の端数は切り捨てます（所令85②二）。

8 土地と建物を一括購入している場合の取得費

　一括購入した場合の土地建物等の対価の区分については，税務上定められていません。建物等の取得価額がわかれば，土地等の価額は必然的に算出されます。建物等を取得する時に支払った消費税額や，標準的な建築価額から推定することができます。実務的には次のいずれかの場合に応じて計算します。

1 購入時の契約等により土地建物等の価額が区分されている場合

　取得時の契約や特約事項等で土地等と建物等の価額が区分されている場合は，その価額を基にして取得費を計算します。

2 購入時の契約書等により建物等の消費税相当額がわかる場合

　1989年（平成元年）4月1日以降取得された土地建物等について，契約書に建物等の消費税額が記されていることがあります。契約書又はその他の書類で建物等の消費税額がわかる場合は建物等の価額が計算できます。

$$建物等の取得価額 = その建物等の消費税額 \times \frac{1 + 消費税の税率}{消費税の税率}$$

（注1）　消費税の税率

適用期間	消費税率
1989年（平成元年）4月1日～1997年（平成9年）3月31日	3%
1997年（平成9年）4月1日～2014年（平成26年）3月31日	5%
2014年（平成26年）4月1日～2019年（令和元年）9月30日	8%
2019年（令和元年）10月1日以降	10%

（注2）　簡便計算

　　　建物等の取得価額＝消費税額÷（上記の消費税率）＋消費税額

3 購入時の契約等により土地建物等の価額が区分されていない場合

　取得時の契約等により土地建物等の価額が区分されていない場合は，土地建物等をともに時価の割合で区分することが合理的です。

　ただし，取得時の土地等の時価及び建物等の時価の算定は困難です。地価水準の変遷等のデータを参考とすることも可能ですが，特定の物件に直に適用することはできないでしょう。

参考判決・裁決事例

借地権付き建物（2億7,500万円）のうち建物価額を 2億1,900万円とした事案について，固定資産税評価額の比とすることが 合理的と判断した事例

　あん分法で計算する場合の金額の基準について検討するに，当審判所の調査の結果によれば，固定資産税評価額は，①建物については再建築価額に基づいて評価し，土地については相続税路線価と同様に地価公示価格や売買実例等を基に評価されていること，②建物と土地の算出機関（各自治体）及び算出時期（3年に1度，前年1月1日の評価額を算出）が同一であり，いずれも同一時期の価額を反映しているものと認められるから，本件売買契約時における売買代金額に占める建物の価額を算出するに当たっては，本件売買契約時における本件建物の固定資産税評価額と本件借地権の固定資産税評価額相当額を基礎とすることが合理的である。

（裁決　2018年（平成30年）5月7日　TAINS　F0-2-871）

4 ▶「建物の標準的な建築価額表」を活用する場合

　建物の建築価額が不明な場合，国税庁が公表している「建物の標準的な建築価額表」を参考として計算します。特に他に参考となる資料がない場合，この価額が適切です。

　なお，昭和40年代以前のデータは国土交通省ホームページを参考にして作成しています。

建築年	木造	鉄骨鉄筋コンクリート	鉄筋コンクリート	鉄骨	建築年	木造	鉄骨鉄筋コンクリート	鉄筋コンクリート	鉄骨
昭和34年	8.7	34.1	20.2	13.7	平成元年	123.1	237.3	193.3	128.4
35年	9.1	30.9	21.4	13.4	2年	131.7	286.7	222.9	147.4
36年	10.3	39.5	23.9	14.9	3年	137.6	329.8	246.8	158.7
37年	12.2	40.9	27.2	15.9	4年	143.5	333.7	245.6	162.4
38年	13.5	41.3	27.1	14.6	5年	150.9	300.3	227.5	159.2
39年	15.1	49.1	29.5	16.6	6年	156.6	262.9	212.8	148.4
40年	16.8	45.0	30.3	17.9	7年	158.3	228.8	199.0	143.2
41年	18.2	42.4	30.6	17.8	8年	161.0	229.7	198.0	143.6
42年	19.9	43.6	33.7	19.6	9年	160.5	223.0	201.0	141.0
43年	22.2	48.6	36.2	21.7	10年	158.6	225.6	203.8	138.7
44年	24.9	50.9	39.0	23.6	11年	159.3	220.9	197.9	139.4
45年	28.0	54.3	42.9	26.1	12年	159.0	204.3	182.6	132.3
46年	31.2	61.2	47.2	30.3	13年	157.2	186.1	177.8	136.4
47年	34.2	61.6	50.2	32.4	14年	153.6	195.2	180.5	135.0
48年	45.3	77.6	64.3	42.2	15年	152.7	187.3	179.5	131.4
49年	61.8	113.0	90.1	55.7	16年	152.1	190.1	176.1	130.6
50年	67.7	126.4	97.4	60.5	17年	151.9	185.7	171.5	132.8
51年	70.3	114.6	98.2	62.1	18年	152.9	170.5	178.6	133.7
52年	74.1	121.8	102.0	65.3	19年	153.6	182.5	185.8	135.6
53年	77.9	122.4	105.9	70.1	20年	156.0	229.1	206.1	158.3
54年	82.5	128.9	114.3	75.4	21年	156.6	265.2	219.0	169.5
55年	92.5	149.4	129.7	84.1	22年	156.5	226.4	205.9	163.0
56年	98.3	161.8	138.7	91.7	23年	156.8	238.4	197.0	158.9
57年	101.3	170.9	143.0	93.9	24年	157.6	223.3	193.9	155.6
58年	102.2	168.0	143.8	94.3	25年	159.9	258.5	203.8	164.3
59年	102.8	161.2	141.7	95.3	26年	163.0	276.2	228.0	176.4
60年	104.2	172.2	144.5	96.9	27年	165.4	262.2	240.2	197.3
61年	106.2	181.9	149.5	102.6	28年	165.9	308.3	254.2	204.1
62年	110.0	191.8	156.6	108.4	29年	166.7	350.4	265.5	214.6
63年	116.5	203.6	175.0	117.3	30年	168.5	304.2	263.1	214.1

160

2　建物の標準的な建築価額による建物の取得価額の計算表

(1)　次により、減価償却の基礎となる建物の取得価額を求めます。

お売りになった建物の建築年月日（注1）	①	昭和 平成　　　年　　月　　日
上記1の**建物の標準的な建築価額表**で求めた建築単価	②	00 円／㎡
その建物の床面積（延べ床面積）（注2）	③	㎡
その建物の取得価額	④	（②×③） 円

（注1）建築年月日や建物の構造は、お売りになった建物の登記事項証明書で確認できます。
（注2）建物がマンションである場合の床面積は、その専有部分の床面積によっても差し支えありません。

(2)　売却した建物が、その購入時点で中古建物の場合には、(1)の計算に加え、次により、取得までの期間に減価した額を計算して、減価償却の基礎となる建物の取得価額を求めます。

お売りになった建物をお買いになった日	⑤	昭和 平成　　　年　　月　　日
その建物の建築年月日（①）からお買いになった日（⑤）までの経過年数（注3）	⑥	年
その建物の償却率（35ページ「※4　非業務用建物（居住用）の償却率」を参照してください。）	⑦	
その建物をお買いになった日までに減価した額	⑧	（④×0.9×⑥×⑦） 円
その建物が中古建物の場合の取得価額 （※　お買いになった際に増改築されている場合には、その費用をこの価額に加算します。）	⑨	（④−⑧） 円

（注3）経過年数の6か月以上の端数は1年とし、6か月未満の端数は切り捨てます。
（参考）1　**建物の取得費**は、この取得価額（④又は⑨の価額）からお売りになった時までの償却費相当額（**「譲渡所得の内訳書（確定申告書付表兼計算明細書）」**で計算します。）を差し引いた金額となります。
　　　　　　また、取得後に増改築されている場合には、計算が異なりますので、税務署にお尋ねください。
　　　　2　建物の取得価額を、この標準的な建築価額表により求めた場合の土地の取得価額は、お買いになられた全体の価額から④又は⑨の価額を差し引いた価額となります。

（国税庁及び国土交通省ホームページ）

参　考

【事例2の場合】
　事例2の建物は、昭和63年に建築された木造住宅ですから、**1**の「**建物の標準的な建築価額表**」の建築単価は116,500円／㎡となります。
　これをこの計算式に当てはめると、
①　昭和63年10月3日
②　116,500円／㎡
③　200.00㎡
④　23,300,000円
（116,500円／㎡×200.00㎡）
となります。
　また、土地の価額は、土地建物全体の取得価額50,000,000円からここで計算した建物の取得価額23,300,000円を差し引いた価額
　　26,700,000円
となります。

　国税庁ホームページを利用して申告書等を作成すると、【参考2】の②～④の計算などが自動計算され便利です。
　詳しくは、24ページから31ページは国税庁ホームページをご覧ください。

9 交換・買換特例を適用した資産を譲渡した場合の取得費

　固定資産の交換の特例や特定の事業用資産の買換えの特例は，交換や買換えが行われた時点で譲渡がなかったとみなされ，課税が繰り延べられる制度です。交換又は買換え等の特例（以下「買換え等の特例」といいます。）を適用するために譲渡した資産（以下「譲渡資産」といいます。）の取得価額を交換又は買換え等の特例を適用して取得した資産（以後「買換資産」といいます。）に引き継ぐことになります。そしてその後買換資産を譲渡した時点で，課税の繰延べがされている部分も含めまとめて譲渡益の課税が行われます。そのため買換資産に引き継がれた譲渡資産の取得価額を的確に管理する必要があります。

1 買換え又は交換特例の取得時期及び取得価額の引継ぎ

(1) 特例による取得時期及び取得価額の相違

　資産の買換え又は交換が行われた場合，譲渡資産の取得の日（取得時期）及び取得価額を買換資産に引き継ぐかどうかは，将来買換資産を譲渡した時の課税関係に大きく影響します。買換え等の特例は原則として譲渡がなかったものとみなされ，譲渡益に対して課税が行われないことから，将来の課税のために譲渡資産の取得価額を買換資産に引き継ぐことが特例の根幹です。しかし，取得の日は，特例により引継の有無が異なります。第3編第2章④を参照してください。

　次の表は，特例ごとの取得時期及び取得価額の引継ぎの有無をまとめたものです。

特例等条文	特　例	取得時期の引継ぎ	取得価額の引継ぎ
所法 58	固定資産の交換の特例	有	有
措法 33	収用代替の特例	有	有
措法 33 の 2	交換処分等の特例	有	有
措法 33 の 3	換地処分等の特例	有	有
措法 36 の 2	特定の居住用財産の買換えの特例	無	有
措法 36 の 5	特定の居住用財産の交換の特例	無	有
措法 37	特定の事業用資産の買換えの特例	無	有
措法 37 の 4	特定の事業用資産の交換の特例	無	有
措法 37 の 5	中高層耐火建築物等の建設のための買換えの特例	無	有
措法 37 の 5 ④	中高層耐火建築物等の建設のための交換の特例	無	有
措法 37 の 6	特定の交換分合の特例	有	有
措法 37 の 8	特定普通財産と隣接する土地等の交換の特例	無	有
措法 41 の 5	居住用財産の買換譲渡損失の特例	無	無

⑵　引継価額

　譲渡資産の取得価額及び譲渡費用の合計額は，買換資産に引き継がれますが，この価額を「引継価額」といいます。引継価額は，課税庁は買換資産が譲渡されるまでほぼ永年管理することになっています。買換え等の特例を適用して申告した場合，納税者にとって非常に重要な情報であることから引継価額の計算と管理を確実に行います。

2　固定資産の交換の場合

　所得税法第 58 条の固定資産の交換の特例は，譲渡がなかったものとみなされることから取得価額を引き継ぎます。将来交換取得資産を譲渡した時の

取得価額の計算は次のように行います。引き継がれる取得価額は，買換価額と譲渡価額との差額により異なります。

　交換により譲渡した資産（以下「交換譲渡資産」といいます。）を甲，甲の譲渡により取得した資産（以下「交換取得資産」といいます。）として取得し今回譲渡する資産を乙とします。

(1) 甲の時価Ⓐ ＝ 乙の時価Ⓑ　である場合

　交換譲渡資産の時価Ⓐと交換取得資産の時価Ⓑが等しい場合，交換譲渡資産の取得費及び譲渡費用を合計した金額（Ⓒ＋Ⓓ　1,200千円）が交換取得資産に引き継がれます。固定資産の交換特例の典型例です。

▼　引継価額の計算

甲の時価Ⓐ　10,000千円	甲の取得費Ⓒ　　600千円
	甲の譲渡費用Ⓓ　600千円
乙の時価Ⓑ　10,000千円	
《引継価額》 　（Ⓒ＋Ⓓ）＝ 1,200千円	

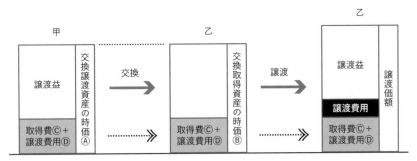

(2)　甲の時価Ⓐ ＜ 乙の時価Ⓑである場合

　交換譲渡資産の時価Ⓐより交換取得資産の時価Ⓑの方が大きいので，交換譲渡資産の取得費及び譲渡費用の合計額（Ⓒ＋Ⓓ）と交換譲渡資産の時価と

交換取得資産時価との差額（Ⓔ）の合計額が交換取得資産に引き継がれます。

▼　引継価額の計算

甲の時価Ⓐ　10,000 千円	甲の取得費Ⓒ　　600 千円
	甲の譲渡費用Ⓓ　600 千円
乙の時価Ⓑ　11,000 千円	
《引継価額の計算》 　（Ⓒ + Ⓓ）+（Ⓑ − Ⓐ）= 1,200 千円 +（11,000 千円 − 10,000 千円）= 2,200 千円	

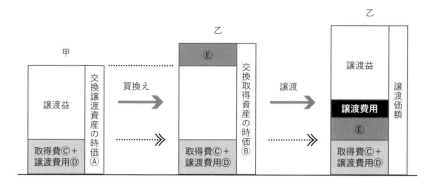

（3）　甲の時価Ⓐ ＞ 乙の時価Ⓑ　である場合

　交換譲渡資産の時価Ⓐより交換取得資産の時価Ⓑの方が小さく，交換差金が生ずる場合，譲渡資産の取得費及び譲渡費用の合計額（Ⓒ＋Ⓓ）は交換差金が課税される部分（Ⓔ＝Ⓐ−Ⓑ）を除いて買換資産に引き継がれます。

▼　引継価額の計算

甲の時価Ⓐ　10,000 千円	甲の取得費Ⓒ　600 千円
	甲の譲渡費用Ⓓ　600 千円
乙の時価Ⓑ　8,000 千円	

《引継価額の計算》

$$（ⓒ + ⓓ）× \frac{ⓑ}{ⓑ + 交換差金の額} = 1,200 千円 × \frac{8,000 千円}{10,000 千円} = 960 千円$$

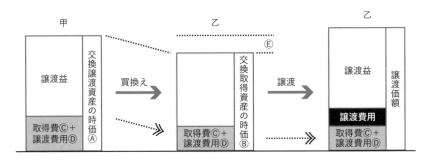

3　特定の居住用財産の買換え（交換）の場合

譲渡資産を甲，甲の譲渡による買換資産を乙とします。

（1）　甲の譲渡価額ⓐ ＝ 乙の買換価額ⓑである場合

譲渡価額ⓐと買換価額ⓑが等しい場合，譲渡資産の取得費及び譲渡費用を合計した金額（ⓒ＋ⓓ　1,200 千円）が買換資産に引き継がれます。

▼　引継価額の計算

甲の譲渡価額ⓐ　10,000 千円	甲の取得費ⓒ　　600 千円
	甲の譲渡費用ⓓ　600 千円
乙の買換価額ⓑ　10,000 千円	
《引継価額の計算》 　（ⓒ + ⓓ）＝ 1,200 千円	

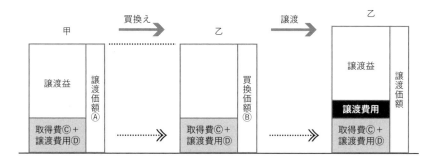

（2）甲の譲渡価額Ⓐ ＜ 乙の買換価額Ⓑである場合

　譲渡価額Ⓐより買換価額Ⓑの方が大きいので，譲渡資産の取得費及び譲渡費用の合計額（Ⓒ＋Ⓓ）と譲渡価額と買換価額との差額（Ⓔいわゆる持出し価額）の合計額が買換資産に引き継がれます。買換価額が大きいため譲渡益はなかったものとみなされ課税される部分はありません。

▼　引継価額の計算

甲の譲渡価額Ⓐ　10,000 千円	甲の取得費Ⓒ　　600 千円
	甲の譲渡費用Ⓓ　600 千円
乙の買換価額Ⓑ　11,000 千円	
《引継価額》 （Ⓒ ＋ Ⓓ）＋（Ⓑ － Ⓐ）= 1,200 千円 ＋（11,000 千円 － 10,000 千円）= 2,200 千円	

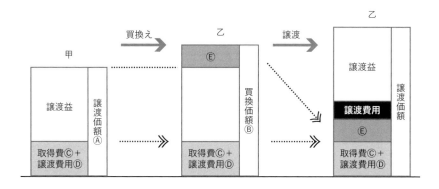

(3) 甲の譲渡価額Ⓐ ＞ 乙の買換価額Ⓑである場合

　譲渡価額Ⓐより買換価額Ⓑの方が小さい場合，譲渡資産の取得費及び譲渡費用の合計額（Ⓒ＋Ⓓ）は譲渡益として課税される部分（Ⓔ＝Ⓐ－Ⓑ）の経費として算入された金額を除いて買換資産に引き継がれます。

▼　引継価額の計算

甲の譲渡価額Ⓐ　10,000 千円	甲の取得費Ⓒ　　　600 千円
	甲の譲渡費用Ⓓ　　600 千円
乙の買換価額Ⓑ　　8,000 千円	

《引継価額》

$$（Ⓒ ＋ Ⓓ） \times \frac{Ⓑ}{Ⓐ} ＝ 1,200 千円 \times \frac{8,000 千円}{10,000 千円} ＝ 960 千円$$

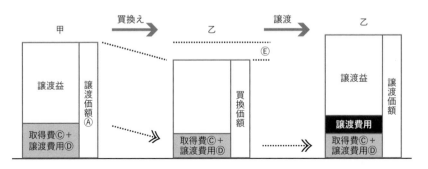

4　特定の事業用資産の買換え（交換）の場合

　特定事業用資産の買換えや交換の特例は，高額な譲渡所得を得た場合でも，税負担が全くなくなることへの批判があったことから，譲渡資産の譲渡価額と買換資産の取得価額のうちいずれか少ない方の金額の原則として80％に相当する額に対して課税の繰延べが行われ，20％が課税されます。この80％に相当する部分の取得価額及び課税された部分が買換取得資産に引き継がれることになるため，取得価額の計算が複雑になります。また，特定の

事業用資産の買換えの特例を適用して取得したもののうち，例えば，「既成市街地等の内から外への買換えのうち近郊整備地帯等への買換え」については 1991 年（平成 3 年）〜1993 年（平成 5 年）は課税繰延割合が 60 ％となっています。申告にあたって過去の特例の適用条文を確認する必要があります。また，2015 年（平成 27 年）から繰延割合が 70 ％，75 ％の部分があるので，これから特定の事業用資産の買換え等の特例を選択する場合，将来にわたって引継価額を管理する必要があります（措法 37，37 ⑨，37 の 4）。

　特定の事業用資産の買換え（交換）の場合の計算は次のとおりです（措法 37，37 の 4）。

　譲渡資産の譲渡価額と買換資産の取得価額のうち，いずれか少ない方の金額の 80 ％に相当する部分について課税の繰延べができます。つまり，20 ％部分は譲渡所得課税の対象です。

　譲渡した資産を甲，甲の譲渡による買換資産として取得し今回譲渡する資産を乙とします。

（1）甲の譲渡価額Ⓐ ＝ 乙の買換価額Ⓑである場合

　譲渡価額Ⓐと買換価額Ⓑが等しい場合，譲渡価額の 20 ％が課税対象となり，譲渡資産の取得費及び譲渡費用の合計額（Ⓒ＋Ⓓ）の 80 ％に相当する部分の取得価額及び課税された部分Ⓔが買換取得資産に引き継がれます。

▼　引継価額の計算

甲の譲渡価額Ⓐ　10,000 千円	甲の取得費Ⓒ　　　600 千円
	甲の譲渡費用Ⓓ　　600 千円
乙の買換価額Ⓑ　10,000 千円	
《引継価額》 　（Ⓒ　＋　Ⓓ）　×　0.8　＋　Ⓐ　×　0.2　＝　2,960 千円	

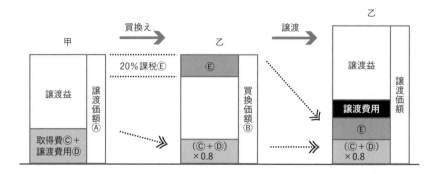

（2） 甲の譲渡価額Ⓐ ＜ 乙の買換価額Ⓑである場合

　譲渡価額Ⓐより買換価額Ⓑの方が大きい場合，譲渡資産の取得費及び譲渡費用の合計額（Ⓒ＋Ⓓ）の 80 ％及び譲渡価額 20 ％が課税対象となり課税された 20 ％相当部分Ⓔと買換取得資産と譲渡価額との差額Ⓕの合計額が買換資産に引き継がれます。

▼　引継価額の計算

甲の譲渡価額Ⓐ　10,000 千円	甲の取得費Ⓒ　　600 千円
	甲の譲渡費用Ⓓ　600 千円
乙の買換価額Ⓑ　11,000 千円	
《引継価額》 　（Ⓒ ＋ Ⓓ）× 0.8 ＋ Ⓐ × 0.2 ＋（Ⓑ － Ⓐ）＝ 3,960 千円	

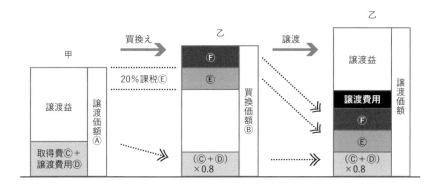

(3) 甲の譲渡価額Ⓐ ＞ 乙の買換価額Ⓑである場合

　譲渡価額Ⓐより買換価額Ⓑの方が少ない場合，Ⓑの 20 ％が課税対象となります。譲渡資産の取得費及び譲渡費用の合計額（Ⓒ＋Ⓓ）は譲渡価額と買換価額との差額Ⓔと課税された 20 ％相当に対応する金額を除いて買換資産に引き継がれます。

▼　引継価額の計算

甲の譲渡価額Ⓐ　10,000 千円	甲の取得費Ⓒ　　　600 千円
	甲の譲渡費用Ⓓ　600 千円
乙の買換価額Ⓑ　8,000 千円	

《引継価額》

$$(Ⓒ + Ⓓ) \times \frac{Ⓑ \times 0.8}{Ⓐ} + (Ⓑ \times 0.2) = 2,368 \text{ 千円}$$

5　買換え等の特例の適用にあたっての実務的判断

(1)　買換え等の特例の性質について納税者への説明

　一般的に，納税者は，譲渡した資産の取得の日及び取得価額が，取得した資産に引き継がれる，若しくは引き継がれないことの認識が薄いようです。

買換え等の特例は多々ありますが，どの特例であれ，譲渡益に対する当面の課税を回避できたことで課税関係が終結したと考えるのでしょう。

譲渡所得が課税されなかったことは非課税ではないこと，取得した資産を将来譲渡した時の課税関係に大きな影響を及ぼすこと，本来は譲渡所得に対する所得税の負担に代えて，買換え等の特例を適用して申告することは納税者の選択であることを確実に説明する必要があります。

⑵　取得の日及び取得価額の管理

取得時期を引き継がない特例（特定の事業用資産の買換え等の特例等）を適用した場合，旧譲渡資産の所有期間がいかに長期にわたっていようが，買換え等の特例を適用したとたんにその時が取得の日となります。つまり，買換え等の特例を適用して新しい資産を取得した場合，その資産の取得の日は買換え等の日です。その後，事業不振等様々な都合により5年以内に譲渡した場合は，分離短期譲渡所得として課税されます。旧譲渡資産の取得価額を引き継ぐため，長期保有であった旧譲渡資産の譲渡益も，短期譲渡所得として，まとめて課税の対象となります。この点が，買換え等の特例の本質であることを充分に認識する必要があります。

⑶　買換資産を譲渡した場合

買換資産を取得した後，数十年後の譲渡となることが想定されます。時が経過することにより，買い換えた事実を失念してしまう，買い換えた者が死亡し相続人が譲渡する，買換えの申告をした税理士が失念する等々様々な要因で買換え等の特例を適用したことが霧消してしまうことがあります。結局，買換資産を実際の取得価額で計算をして申告することになります。

税務署から指摘があって初めて買換え等の特例の構造を認識することもあります。旧譲渡資産の譲渡益は買換特例を適用したことにより非課税となるわけではありません。旧譲渡資産を譲渡した時の譲渡益に課税できなかった課税庁は，買換資産を譲渡した時にまとめて課税するため，買換特例を適用

して申告した事実を,「取得価額引継整理表」等の形式で保管管理しています。課税しなかった事実を放置することはありません。たとえ30年後50年後であろうと,買換資産を譲渡したときに買換えがあった事実の指摘を受けることになります。

⑷　買換資産を譲渡して,引継価額等が不明な場合

譲渡した資産が,買換等の特例を適用して取得しているが,取得価額が不明な場合又は買換え等の特例を適用して取得しているか不明な場合,税務署に照会確認するのが確実です。税務署では「引継取得価額」「特例適用条文」等,申告にあたっての必要事項を回答してくれます。照会者は譲渡者本人又は委任を受けた税理士等で,身分の証明が必要です。

10 取得費等に算入する借入金の利子等

1 借入金の利子の算入

(1) 借入金の利子の原則的取扱い

　固定資産の取得のために借り入れた資金の利子のうち，その資金の借入れの日から使用開始の日までの期間に対応する部分の金額は，業務に係る各種所得の金額の計算上必要経費に算入されたものを除き，固定資産の取得費又は取得価額に算入します（所基通38-8）。また，使用を開始しないまま譲渡した場合は，その譲渡の日までのことをいいます。

もう一押し！

取得価額と取得費

取得価額：資産を取得するにあたって直接要した費用の合計額をいい，減価償却
　　　　　の基となる金額です。購入代金，手数料等附随費用があります。
取得費：譲渡所得の起因となる資産の取得価額から減価償却費相当額を差し引い
　　　　た金額のことをいいます。

(2) 賦払で取得したときの利息

　賦払の契約により購入した固定資産に係る購入代価と賦払期間中の利息及び賦払金の回収費用等に相当する金額とが明らかに区分されている場合におけるその利息及び回収費用等に相当する金額を含みます。

(3) 事業の経費とした借入金の利子

　借入金の利子のうち，事業所得等の経費とした利息を取得費に算入するこ

とはできません。その固定資産を取得してから使用開始するまでの期間に対応する利息の金額が，経費とされていない場合は，取得費に含めて取り扱うことになります。

⑷　借入れをする際に支出した抵当権設定費用等の取扱い

　固定資産の取得のために資金を借り入れる際に支出する公正証書作成費用，抵当権設定登記費用，借入れの担保として締結した保険契約に基づき支払う保険料，その他の費用でその資金の借入れのために通常必要と認められるものについても取得費に算入します。購入手数料等固定資産の取得費に算入される費用に充てられた場合には，その充てられた部分の借入金も同様です（所基通38-8）。

⑸　書画骨とう等を取得するための借入金の利子

　書画，骨とう，美術工芸品など，その資産の性質上取得の時が使用開始の時であると認められる資産については，その取得の日が使用開始の日です。そのため，借入金の利子は取得費に該当しません（所基通38-8の2⑶）。なお，ゴルフ会員権を借入金により取得した場合についても，その会員権を取得した日が使用開始の日ですが，オープン前の会員権を取得した場合は，そのゴルフ場がオープンした日が使用開始の日と取り扱われます。

2　使用開始の日の判定

　借入金の利子が取得費に算入できるのは「使用開始の日」までの部分だけです。使用開始の日は，譲渡した資産の区分に応じて次により判定します（所基通38-8の2）。

資産の区分	使用の状況	使用開始の日
土地	① 新たに建物，構築物等（以下「建物等」といいます。）の敷地の用に供するもの	建物等を居住の用，事業の用等に供した日
	② 既に建物等の存するもの	建物等を居住の用，事業の用等に供した日
	③ 建物等が土地の取得の日前から譲渡者の居住の用，事業の用等に供されており，かつ，引き続きこれらの用に供されるもの	土地を取得した日
	④ 建物等の施設を要しないもの	本来の目的のために使用開始した日
	⑤ 建物等の施設を要しない土地が取得の日前から譲渡者が使用しているもの	土地を取得した日
建物，構築物，機械及び装置	○ 建物等並びに機械及び装置	本来の目的のために使用開始した日
	○ 取得の日前から譲渡者が使用しているもの	そのものを取得した日
書画等	○ 書画，骨とう，美術工芸品などその資産の性質上取得の時が使用開始の時であると認められる資産	そのものを取得した日

3 借入金により取得した固定資産を使用開始後に譲渡した場合

　借入金により取得した固定資産を使用した後に譲渡した場合，固定資産の使用開始があった日後，譲渡の日までの間に使用しなかった期間があるときであっても，その期間に対応する借入金の利子については固定資産の取得費又は取得価額に算入できません（所基通38-8の3）。

　使用開始の日とは，最初に使用開始した日のことをいうことに注意します。例えば，15年前に借入れによって取得した未利用の土地を，資材置場として

2年後に半年程貸し付けていたが，貸付けが終了した後は再度更地として保有していた状態で譲渡するケースがあります。この場合，最初に貸し付けた時までの貸付金の利子しか算入できません。

参考判決・裁決事例

居住の用に供するまでの借入金の利子

　しかしながら，右借入れの後，個人が当該不動産をその居住の用に供するに至るまでにはある程度の期間を要するのが通常であり，したがつて，当該個人は右期間中当該不動産を使用することなく利子の支払を余儀なくされるものであることを勘案すれば，右の借入金の利子のうち，居住のため当該不動産の使用を開始するまでの期間に対応するものは，当該不動産をその取得に係る用途に供する上で必要な準備費用ということができ，当該個人の単なる日常的な生活費ないし家事費として譲渡所得の金額の計算のうち外のものとするのは相当でなく，当該不動産を取得するための付随費用に当たるものとして，右にいう「資産の取得に要した金額」に含まれると解するのが相当である。

　以上のとおり，右の借入金の利子のうち，当該不動産の使用開始の日以前の期間に対応するものは，右にいう「資産の取得に要した金額」に含まれ，当該不動産の使用開始の日の後のものはこれに含まれないと解するのが相当である。

（最判　1992年（平成4年）7月14日）

4

固定資産を取得するために要した借入金を借り換えた場合

　固定資産を取得するための借入金を借り換えた場合には，借換え前の借入金の額（借換え時までの未払利子を含みます。）と借換え後の借入金の額とのうちいずれか低い金額は，借換え後もその固定資産の取得資金に充てられたものとして取り扱います（所基通38-8の4）。

　借換え前の借入金の未返済額を超える部分は，必要額を超えた借入額となり，固定資産を取得するための借入金と合理的な関連性がないことによります。

もう一押し！

借換えの事例

　当初借入額が 20,000 千円でしたが，残高が 15,000 千円の時に借換えをしました。借換え金額は 18,000 千円だった場合，借入金の利子として取得費に加算できる金額は 15,000 千円に対応する部分の利子です。

当初借入額	借換え時残額	借換え額
20,000 千円	15,000 千円	18,000 千円

5　借入金で取得した固定資産の一部を譲渡した場合

　借入金により取得した固定資産の一部を譲渡した場合，譲渡した部分の取得時の価額が，固定資産の取得時の価額のうちに占める割合を借入金の額に乗じて計算した金額を，譲渡した固定資産の取得のために借り入れたものとして，その資金の借入れの日から使用開始の日までの期間に対応する利子は，固定資産の取得費又は取得価額に算入します（所基通 38-8 の 5）。ただし，業務に係る各種所得の金額の計算上必要経費に算入されたものは除かれます。

　借入金で取得した資産の一部を譲渡した場合，その借入金の利息を計算する場合の元本は，譲渡した部分の取得したときの割合で配分します。借入金の額が譲渡した部分に配分されるため，譲渡した部分に対応する使用開始の日までの利息は，譲渡されなかった部分に食い込むことはありません。

$$借入金の総額　\times　\frac{譲渡した部分の価額}{その固定資産の取得時の価額}$$

6　借入金で取得した固定資産を買い換えた場合

⑴　固定資産を買換えた場合

　借入金により取得した固定資産を譲渡し，その譲渡代金をもって他の固定資産を取得した場合には，次に掲げる金額のうち最も低い金額に相当する借入金は，その譲渡の日に，新たに取得した固定資産の取得のために借り入れたものとして取り扱われます。

（ⅰ）譲渡の日における借入金の残存額（譲渡資産が借入金により取得した固定資産の一部である場合，所得税基本通達 38-8 の 5《借入金で取得した固定資産の一部を譲渡した場合》に定めるところにより計算した譲渡資産に対応する借入金の残存額をいいます。前項 5 を参照してください。）

（ⅱ）譲渡資産の譲渡価額

（ⅲ）新たに取得した固定資産の取得価額

⑵　借入金で取得した固定資産を譲渡し買換え等の特例を適用した場合

　借入金により取得した固定資産を譲渡し，租税特別措置法第 33 条《収用代替の特例》，第 33 条の 2 第 2 項《交換処分等の特例》，第 36 条の 2《特定の居住用財産の買換えの特例》，第 37 条《特定の事業用資産の買換えの特例》又は第 37 条の 5《中高層耐火建築物等の建設のための買換等の特例》の適用を受ける場合，新たに取得した固定資産の取得のために借り入れたものとされる借入金の利子のうち，譲渡した資産（以下「譲渡資産」といいます。）の譲渡の日から代替資産又は買換資産（以下「代替資産等」といいます。）の取得の日までの期間に対応する部分の金額は，代替資産等の取得に要した金額に算入します。

　また，借入金の利子のうち，代替資産等の取得の日後使用開始の日までの期間に対応する部分の金額は，同法第 33 条の 6 第 1 項《収用交換等により取得した代替資産等の取得価額の計算》，第 36 条の 4《買換えに係る居住用

財産の譲渡の場合の取得価額の計算等》，第37条の3第1項《買換えに係る特定の事業用資産の譲渡の場合の取得価額の計算等》又は第37条の5第3項の規定により代替資産等の取得価額とされる金額に加算することができます（所基通38-8の6）。

▼借入金で取得した固定資産を買換えた場合の概要

　A資産を借入れにより取得し，譲渡した場合，又はA資産を譲渡しB資産を買換え等した場合を想定すると次の取扱いとなります。

資産の取得・譲渡・買換え	借入金の扱い	所得税基本通達
A資産を取得	借入による	
A資産を使用しないまま譲渡	使用開始の日までの借入金の利息を取得費に算入	38-8
B資産を買換えにより取得	次の金額のうちいずれか低い金額を買換え資産の取得費に算入する ①　譲渡の日における借入金の残存額 ②　譲渡資産の譲渡価額 ③　新たに取得した固定資産の取得価額	38-8の6
B資産を使用開始	B資産を取得した日から使用開始の日までの利息は，A資産の引継ぎ価額に加算する	

7　借入金で取得した固定資産を交換した場合等

⑴　交換譲渡資産の取得のための借入金

　借入金により取得した固定資産を交換により譲渡した場合，交換の日の借入金の残存額と交換取得資産の価額のうちいずれか低い金額は，交換の日において，交換取得資産を取得するために借り入れたものとして取り扱います（所基通38-8の7）。所得税法第58条に規定する固定資産の交換の特例は，譲渡がなかったものと取り扱われます。交換取得資産は，交換譲渡資産を取

得したときから引続き所有していたものとみなされ，交換譲渡資産の取得の日及び取得価額を交換取得資産に引き継がれます。つまり，交換取得資産は交換譲渡資産と同一のものとみなされます。交換譲渡資産を取得のための借入金は，交換取得資産を取得するために借り入れたと取り扱われます。ただし全額ではなく，交換の日における借入金残額と交換取得資産の価額のうち低い金額が限度です。基本的に**6**（借入金で取得した固定資産を買換えた場合）と同様の取扱いとなっています。

　租税特別措置法第33条の2第1項に規定する交換処分等又は同法第33条の3《換地処分等に伴い資産を取得した場合の課税の特例》に規定する換地処分等があった場合も，同様に取り扱われます。

⑵　交換差金を借入金で支払った場合

　交換差金を支払うために借り入れた資金は，交換取得資産を取得するために借り入れたものとして取り扱われます。交換取得資産を使用開始するまでの借入金利息は，取得費に算入できます。

8 ▶ 代替資産等を借入金で取得した場合

　固定資産を借入金により取得した場合，固定資産を代替資産等として租税特別措置法第33条，第33条の2第2項，第36条の2，第37条又は第37条の5の規定の適用を受けるときは，借入金の利子は代替資産等の取得費又は取得価額に算入できません。もとより代替資産等は，譲渡資産の収入金額を充当することで課税の繰延べが行われる制度です。固定資産を取得するための譲渡収入金額と借入金とは並立することではないことから，この取扱いとなっています。ただし，次に該当する場合，次の借入金の利子については，取得費に算入することができます（所基通38-8の8）。

借入金の態様	取得費に算入できる借入金の利子
譲渡資産の譲渡の日前に借入金により代替資産等を取得した場合	借入れをした日から譲渡資産の譲渡の日までの期間に対応する部分の借入金の利子
譲渡資産の収入金額が代替資産等の取得価額に満たない場合	その満たない金額に対応する部分の借入金の利子

9 被相続人が借入金により取得した固定資産を相続により取得した場合

　被相続人が借入金により取得した固定資産（既に被相続人が使用していたものを除きます。）を，相続人が相続又は遺贈により取得した場合，相続人がその借入金を承継したときは，次に掲げる金額のうちいずれか低い金額に相当する借入金は，その相続人が相続開始の日において，固定資産の取得のために借り入れたものとして取り扱います（所基通 38-8 の 9）。

① **相続人が承継した借入金の額**

② **次の算式により計算した金額**

$$
\text{被相続人が借り入れた資金のうち相続開始の日における残存額} \times \frac{\text{その固定資産のうち、その相続人が取得した部分の相続開始の日における価額}}{\text{その固定資産の相続開始の日における価額}}
$$

　なお，被相続人が固定資産を取得するために要した借入金の利子のうち，相続開始の日までの期間に対応する部分の金額は，所得税法第 60 条《贈与等により取得した資産の取得費等》第 1 項の規定により計算した取得費又は取得価額に算入します。相続開始の日までの金額はいったん固定資産の取得費として確定させておくことによります。これにより，固定資産と借入金とを別に相続した場合でも取得費を明確にできることになります。

11　土地等の取得費が不明な場合

1　資産の取得費が不明な場合

　譲渡資産の取得費が不明な場合，取得費を零とするか概算取得費を適用します。通常，零とすることはないので概算取得費を適用します。概算取得費が適用できない資産を除いて，総合譲渡対象資産であっても適用できます。第4章②を参照してください。

2　土地等の取得費が不明な場合

　土地等の譲渡は高額になりますが，取得価額が不明な場合，概算取得費を適用すると取得した時期の時価の趨勢と比較して非常に低額になることがあります。特に宅地は時価の上昇が激しい頃に取得した場合，概算取得費で計算することは納税者に酷になることがあります。しかし，根拠のない取得費により譲渡所得を計算することはできません。

3　市街地価格指数を適用した申告

⑴　市街地価格指数

　市街地価格指数とは，一般財団法人日本不動産研究所の不動産鑑定士等が全国主要198都市で選定された宅地の調査地点について，年2回価格調査を行い，これらを基に指数化するものです。具体的には，次の方法で選定しています（一般財団法人日本不動産研究所ホームページ「市街地価格指数の調査方法の概要」を要約したもの）。
　（ⅰ）調査対象都市の市街地を実際の利用形態にしたがって商業地域・住宅地域・工業地域の3つの地域に分類します。
　（ⅱ）各地域を社会的環境・同一需給圏内の地位・繁華性の程度等それぞれ

の地域要因にしたがって上・中・下の３つに区分します。

（iii）各区分の地域ごとに，その中位に位置する標準的・代表的な宅地を調査地点として選定します。なお，このほか最高価格地を１地点調査しており，調査地点数は原則として１都市10地点です。

（iv）不動産鑑定評価の手法に基づき更地としての評価を行い，調査時点における調査地点の１平方メートルあたりの価格を求め，各用途の前期比の平均変動率を前期の指数に乗じて，今期の指数を計算します。

(2) 課税庁のスタンス

宅地の取得価額が不明な場合，概算取得費により取得価額を計算することができることから，課税庁の基本的スタンスは概算取得費をもって取得価額とします。市街地価格指数は概然的な数値であり，当該宅地の指数ではないことによります。

4 市街地価格指数による申告についての裁決事例

(1) 近年の傾向

市街地価格指数を適用して申告，若しくは更正の請求により課税庁と争った事例が散見されます。2000年（平成12年）11月16日の裁決は，市街地価格指数を採用することが合理的であると判断したことから，市街地価格指数によることが不合理ではないという風潮が生み出したようです。しかしその後の裁決ではことごとく否認されています。

参考判決・裁決事例

原処分庁が市街地価格指数を用いて更正した事例

これらのことから，本件建物の取得費は，取得時期は判明しているが取得価額が不明なもの（新建物）については，Ｎ調査会（以下「調査会」という。）が公表

している着工建築物構造単価から算定する。また，本件宅地については，譲渡価額の総額から建物の取得費を控除して宅地の譲渡価額を算定したうえで，譲渡時に対する取得時の六大都市を除く市街地価格指数（住宅地）の割合を乗じて算定する。

　上記の算定方法は，調査会が公表した数値であり，市場価格を反映した近似値の取得費が計算でき，合理的であると認められる。

（2000年（平成12年）11月16日　裁決）

市街地価格指数による取得費を否認した事例①

　市街地価格指数は，個別の宅地価格の変動状況を直接的に示すものではないから，これに基づき算定した金額は，亡父が本件各土地を取得した時の市場価格を適切に反映するものとはいえず，また，請求人が採用した同指数は，六大都市市街地価格指数であるが，本件各土地は六大都市以外の地域に所在するものであるから，本件各土地の地価の推移を適切に反映したものとはいえない。

（2014年（平成26年）3月4日　裁決）

市街地価格指数による取得費を否認した事例②

　市街地価格指数は，個別の宅地価格の変動状況を直接的に示すものということはできず，また，六大都市を除く市街地価格指数については，三大都市圏を除く政令指定都市及び県庁所在都市（県庁所在都市等）以外の調査対象都市は公表されていないところ，本件土地は県庁所在都市等に該当しない都市に所在しており，さらに，本件土地の所在する都市が調査対象都市かどうかを確認し得ないことからすれば，請求人が請求人主張額の算定に用いた六大都市を除く市街地価格指数が，本件土地の市場価格の推移を反映したものであるということはできない。

（2018年（平成30年）7月31日　裁決）

5　実務的な判断

　バブルの崩壊後は地価が大幅に落ち込みましたが，近年は盛り返していま

す。昭和40年，50年代に取得した宅地の価額は上昇一方でしたので，概算取得費で取得価額を計算するのは納税者にとって酷なことになります。取得時の売買契約書の紛失などは珍しくないでしょう。また，相続等により取得した宅地については取得価額の見当がつかないことも想定されます。

　取得価額が不明な場合の申告は，非常に悩ましいところです。実際の取得価額は判明している場合，もし市街地価格指数による取得価額が高くなった場合，高い方で計算するという事例が出かねません。実際の取得費と市街地価格指数との選択はできません。なんとか取得時の価額を判定できる資料を探し出すしかないのが現実です。売主の土地台帳による譲渡価額を認めた事例があります。

参考判決・裁決事例

相続により取得した土地の取得価額が不明であることから，
地価公示価格指数を適用した更正の請求をしたが，被相続人に対する
売り主の土地台帳の価額を採用した事例

　当審判所の調査によれば，本件土地に関し，その売主であるF社が作成した「土地台帳」と題する書面（以下「本件土地台帳」という。）の存在が認められる…本件土地台帳の記載内容の信用性は極めて高い。したがって，本件土地台帳は，その記載どおりの事実があったことが推認でき，当該推認を妨げる事情が認められない限り，その記載どおりの事実を認めるのが相当である。

（裁決　2017年（平成29年）12月13日）

第5章　譲渡費用

　この章では譲渡費用について解説します。

　譲渡費用とは字のごとく資産の譲渡にあたって支出した諸費用のうち，譲渡所得の計算の費用となるものをいいます。資産の譲渡に際して支出した仲介手数料，運搬費，登記若しくは登録費用などのように，その譲渡のために直接かつ通常必要な費用や，借家人等を立ち退かせるための立退料，土地を譲渡するためその土地の上にある建物等の取壊しに要した費用，既に売買契約を締結している資産をさらに有利な条件で他に譲渡するため契約を解除したことに伴い支出する違約金その他資産の譲渡価額を増加させるため譲渡に際して支出した費用等があります。譲渡資産の修繕費，固定資産税その他その資産の維持又は管理に要した費用は，譲渡費用に含まれません。

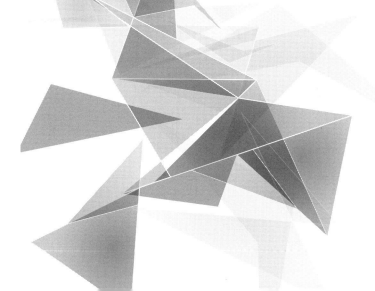

1 譲渡費用

1 譲渡費用とは

譲渡所得の金額は，総収入金額から所得の基因となった資産の取得費，及びその資産の譲渡に要した費用（譲渡費用）の額の合計額を控除したものをいいます（所法33③）。

資産を譲渡するにあたって様々な支出が発生しますが，支払った費用はどのようなものでも譲渡費用として控除できるわけではありません。譲渡所得の計算において控除される費用とは，基本的に資産の譲渡に際して支出した仲介手数料，運搬費，登記若しくは登録費用などのように，その譲渡のために直接かつ通常必要な次の費用です（所基通33-7）。

(ⅰ) 資産の譲渡に際して支出した仲介手数料，運搬費，登記若しくは登録に要する費用その他その譲渡のために直接要した費用

(ⅱ) 借家人等を立ち退かせるための立退料，土地（借地権を含みます。）を譲渡するためその土地の上にある建物等の取壊しに要した費用，既に売買契約を締結している資産をさらに有利な条件で他に譲渡するため契約を解除したことに伴い支出する違約金その他当該資産の譲渡価額を増加させるためその譲渡に際して支出した費用

2 譲渡費用の具体例

譲渡費用に該当する具体的なものは，次のとおりです。

⑴ 仲介手数料

仲介手数料とは，一般的に土地等を譲渡するにあたって，買受人を広く探してくれる宅地建物取引業者に支払う手数料（報酬）のことをいいます。報酬額は次のとおり定められています。依頼者の一方につき取引金額に応じた

額です（平成 29 年 12 月 8 日国土交通省告示 1155 号）。

取引額	報酬額
200 万円以下の金額	取引額の 5 ％以内
200 万円を超え 400 万円以下の金額	取引額の 4 ％以内
400 万円を超える金額	取引額の 3 ％以内

取引金額が 400 万円を超える場合の簡便計算は次のとおりです。

（（取引金額 × 3 ％） ＋ 60,000 円） ＋ 消費税 ＝ 報酬の額

もう一押し！

専任媒介契約を解除したことに伴い支払う費用償還金等

　専任媒介契約後，媒介者以外の業者を通じ又は譲渡者が自ら買受人を探し相対で売買して，選任媒介契約を解除した場合，媒介者が媒介契約履行のために要した実費相当額を請求されることがあります。結果的に媒介者を通じた契約が成立しなかったとしても，譲渡するために要した費用に該当します。

（参考：国税庁質疑応答事例）

⑵　運搬費

　運搬費とは，譲渡資産を引き渡すための運搬に要した費用をいいます。居住用財産を譲渡したときのような転居のために要した費用等は，譲渡費用に該当しません。

⑶　登記若しくは登録に要する費用

　土地建物等の所有権の移転登記は，所有権確保のために買主の負担で行うことがほとんどです。一般的には売買契約書に明記しています。

⑷ 売買契約書に貼付した印紙代

▼ 印紙税額一覧表（抜粋）

番号	文書の種類（物件名）	印紙税額 （1通又は1冊につき）	主な非課税 文書
1	1 不動産，鉱業権，無体財産権，船舶若しくは航空機又は営業の譲渡に関する契約書 （注）無体財産権とは，特許権，実用新案権，商標権，意匠権，回路配置利用権，育成者権，商号及び著作権をいいます。 （例）不動産売買契約書，不動産交換契約書，不動産売渡証書など 2 地上権又は土地の賃借権の設定又は譲渡に関する契約書 （例）土地賃貸借契約書，土地賃料変更契約書など 3 消費貸借に関する契約書 （例）金銭借用証書，金銭消費貸借契約書など 4 運送に関する契約書 （注）運送に関する契約書には，傭船契約書を含み，乗車券，乗船券，航空券及び送り状は含まれません。 （例）運送契約書，貨物運送引受書など	記載された契約金額が 　10万円以下のもの　　　　　　　　　　200円 　10万円を超え　50万円以下のもの　　400円 　50万円を超え100万円以下　〃　　　1千円 　100万円を超え500万円以下　〃　　　2千円 　500万円を超え1千万円以下　〃　　　1万円 　1千万円を超え5千万円以下　〃　　　2万円 　5千万円を超え　1億円以下　〃　　　6万円 　1億円を超え　5億円以下　〃　　　10万円 　5億円を超え　10億円以下　〃　　　20万円 　10億円を超え　50億円以下　〃　　　40万円 　50億円を超えるもの　　　　　　　　60万円 契約金額の記載のないもの　　　　　　200円	記載された契約金額が1万円未満（※）のもの ※第1号文書と第3号から第17号文書とに該当する文書で第1号文書に所属が決定されるものは，記載された契約金額が1万円未満であっても非課税文書となりません。
	上記の1に該当する「不動産の譲渡に関する契約書」のうち，平成9年4月1日から令和4年3月31日までの間に作成されるものについては，契約書の作成年月日及び記載された契約金額に応じ，右欄のとおり印紙税額が軽減されています。 （注）契約金額の記載のないものの印紙税額は，本則どおり200円となります。	【平成26年4月1日〜令和4年3月31日】 記載された契約金額が 　50万円以下のもの　　　　　　　　　　200円 　50万円を超え100万円以下のもの　　　500円 　100万円を超え500万円以下　〃　　　1千円 　500万円を超え1千万円以下　〃　　　5千円 　1千万円を超え5千万円以下　〃　　　1万円 　5千万円を超え　1億円以下　〃　　　3万円 　1億円を超え　5億円以下　〃　　　6万円 　5億円を超え　10億円以下　〃　　　16万円 　10億円を超え　50億円以下　〃　　　32万円 　50億円を超えるもの　　　　　　　　48万円	

	【平成９年４月１日〜平成 26 年３月 31 日】
	記載された契約金額が
	１千万円を超え５千万円以下のもの　　1万5千円
	５千万円を超え　１億円以下　〃　　　4万5千円
	１億円を超え　５億円以下　〃　　　　8 万円
	５億円を超え 10 億円以下　〃　　　18 万円
	10 億円を超え 50 億円以下　〃　　　36 万円
	50 億円を超えるもの　　　　　　　　54 万円

（2021 年（令和３年）４月１日現在）

もう一押し！

売買契約書に貼付された印紙

　売買契約書に貼付する印紙代は「買主負担」「契約当事者各自負担」等契約により異なります。コピーされた売買契約書に印紙が添付してあったとしても必ずしも譲渡者が負担しているとは限りません。

⑸　土地等を譲渡するに際して要する測量費，分筆費用等

　土地の面積や形状は売買価額に大きく影響します。土地を譲渡するにあたって，面積を「公募」又は「実測」のどちらかに取り決めます。実測による場合，実測するのが売主又は買主のどちらかによります。売主が実測し，費用の負担がある場合は譲渡費用となります。

もう一押し！

複数の隣接地をまとめて実測した場合

　土地を譲渡するにあたって，隣接している譲渡しない部分も含めて実測をすることがあります。譲渡費用となるのは，原則として譲渡物件に係る部分のみです。譲渡した部分に対応する金額は，面積按分等合理的に区分します。
　また，測量し，分筆しなければ譲渡する部分が確定できない場合の測量費や分

筆費用は譲渡費用として控除することができます。ただし，残りの宅地を譲渡するときにこれらの費用は控除することができないのは言うまでもありません。

⑹　借家人等を立ち退かせるための立退料

賃貸物件を譲渡するに際して，借家人等を立ち退かせるために支出した費用のことをいいます。譲渡に係わらない立退料は，不動産所得の経費となります。

　もう一押し！

立退料を借入金で支払った場合の借入金の利息

貸店舗等を譲渡するにあたって立退料を借入金で支払った場合，立退料に係る借入金利子は，譲渡費用となる立退料と直接関連のあるものと認められることから，譲渡費用になるものとして取扱うことができます。

ただし，この場合の譲渡費用に算入する利子の額は，借入れの日から，次のいずれか早い日までの期間に対応する利子の額となります。

① その借入金の返済の日

② その譲渡代金により返済が可能となった日

（参考：国税庁質疑応答事例）

⑺　契約を解除したことに伴い支出する違約金

既に売買契約を締結している資産を，さらに有利な条件で他に譲渡するため，契約を解除したことに伴い支払った違約金は譲渡費用となります（所基通33-7⑵）。

もう一押し！

倍返しした手付金の取扱い

　売主が売買契約を解除した場合，手付金の倍返しをする契約が一般的です。この場合，手付金は預り金ですから，単なる返還金です。上乗せされた金額が違約金であり譲渡費用となります。

　総額 5,000 万円で譲渡する契約を結び，手付金を 500 万円受領していた。その後 6,000 万円の購入者が現れたので，1,000 万円を返して当初契約を解除したような場合です。譲渡所得の計算にあたって，返却した 1,000 万円のうち手付金 500 万円を除いた 500 万円が違約金となります。

もう一押し！

契約を解除された場合の仲介手数料等の取扱い

　契約が解除されたことに伴って受け取った違約金は一時所得です（所基通 34-1⑻）。契約が解除されたことに伴い支払った仲介手数料等は，この違約金の一時所得の計算上控除されます。

　契約を解除したことに伴い，前の契約にあたって支払った仲介手数料や印紙代は譲渡費用には該当しません。契約を解除したことに伴い支出する違約金ではないことと，そもそも譲渡にあたって直接要した費用でないことによります。

⑻建物等を取壊し又は除去した場合の取壊し損失

　土地の上にある建物等を取壊し，又は除却して更地を譲渡したような場合，建物の価額が譲渡所得の計算上反映されません。非事業の建物であってもその取壊し又は除却が，譲渡のために行われたものであることが明らかであるときは，所得税法施行令第 142 条《必要経費に算入される資産損失の金額》又は第 143 条《昭和 27 年 12 月 31 日以前に取得した資産の損失の金額の特例》の規定に準じて計算した金額（発生資材がある場合には，その価額を控除した残額）は，譲渡費用となります（所基通 33-8）。

⑼　農地転用決済金等

　農地転用許可等が停止条件となっている土地改良区内への農地の売買契約において，土地改良区へ支払った農地転用決済金等（平成 19 年 6 月 22 日付国税庁通達）は譲渡費用となります。

⑽　譲渡契約の効力に関する紛争において，契約が成立することとされた場合の費用

　業務を営む者が業務の遂行上生じた紛争又は業務の用に供されている資産に生じた紛争を解決するために支出した弁護士の報酬その他の費用は，その支出をした日の属する年分のその業務に係る所得の必要経費に算入します（所基通 37-25）。

　譲渡契約の効力に関する紛争に契約が成立することとされた場合の費用は，その資産の譲渡に要した費用とされます。

もう一押し！

所有する資産の紛争解決するための弁護士費用

　所有する資産に係る紛争を解決するために弁護士費用を支払うことがあります。紛争解決のための費用はその資産の管理費用であり，譲渡費用と認められません。

⑾　借地権の承諾料

　借地権を譲渡するにあたって，地主に支払った承諾料は譲渡費用です。

⑿　超過物納に係る費用

　物納にあたって，測量費の負担が生じます。また物納物件に居住又は事業している者に対して立退料を支払うことがあります。これらは物納に係る費用ですが，超過物納に係る過誤納金は譲渡所得の課税の対象となることから，

その部分に係る費用は譲渡所得の計算上経費とすることができます。

⒀　借入金の利子

第4章④を参照してください。

⒁　その他譲渡のために直接要した費用

3　短期保有資産と長期保有資産とがある場合の譲渡費用の区分

　一の契約により譲渡した資産のうちに短期保有資産と長期保有資産とがある場合，個々の譲渡資産との対応関係の明らかでない譲渡費用は，それぞれの資産の収入金額の比であん分するなど，合理的な方法により計算します。この場合，それぞれの譲渡資産に対応する収入金額が区分されており，かつ，その区分がおおむねその譲渡の時の価額の比により適正に区分されている場合は，それでよいこととなっています（所基通33-11）。

2 譲渡費用に該当しないもの

　次の費用は，譲渡に際して支払った場合でも，譲渡所得に対応する費用となりません。

(1) 譲渡資産の修繕費・固定資産税等

　譲渡した資産の維持管理に要する費用は譲渡費用になりません。取得費にも該当しないことに留意してください（所基通 33-7 注）。

もう一押し！

草刈りや土地の整備清掃費用

　未利用地などは，近隣から雑草や放置ゴミの苦情があるので業者に依頼して草刈や整備清掃を行っていたような場合があります。これらの費用は不動産を維持管理するための費用となるので，譲渡費用には該当しません。

(2) 譲渡資産の遺産分割に係る弁護士費用等

　相続により取得するにあたって支出した遺産分割にかかる費用は，遺産の分割のための費用であり，譲渡に直接要した費用ではありません。取得費にも該当しません。

(3) 申告書の作成や税務相談に係る税理士費用

　税理士に支払う費用は申告書作成又は税務相談費用であり，譲渡に直接要した費用ではないことから譲渡費用になりません。

⑷　譲渡代金の取立てに要した費用

譲渡代金の取立てに要した弁護士費用等は，譲渡価額を増加させるための費用ではありません。譲渡契約が完遂した後に支払われる費用であることから譲渡費用となりません。

⑸　相続又は贈与にあたって支出した登記費用

相続又は贈与にあたって支出した登記費用は，資産の取得費です。

⑹　住所変更登記費用・抵当権抹消費用

住所変更や抵当権抹消は，たまたま譲渡の時と同時に行われる行為であっても，本来は資産の維持管理の一環として支出されるものであることから，譲渡費用とはなりません。

⑺　自己の引越費用

居住用財産を譲渡した場合の引越し費用は，譲渡に直接要した費用ではないので譲渡費用とはなりません。譲渡に際する運搬費や立退費用とは認められません。

⑻　飲食代

譲渡に伴う飲食であっても，譲渡費用に該当しません。

⑼　資産の取得費に該当するもの

資産の取得費の該当するものは，譲渡費用となりません。

⑽　借地人や耕作人に支払った立退料

土地を譲渡するにあたって借地人や耕作人に支払った立退料や離作料は借地権又は耕作権の買取りとなります。

第4編
株式等の譲渡

　株式等の譲渡所得は租税特別措置法第37条の10から第38条に規定されており，特例が多数あります。本書は所得税法における譲渡所得の基本の解説ですが，株式等についても基本的な事項を概説します。

1 株式等の譲渡所得の基本的区分

1 株式等の区分

　株式等の譲渡による所得に対しては，申告分離課税所得が課税されます。一般株式等に係る譲渡所得と上場株式等に係る譲渡所得に区分されます。両方申告分離課税ですが，課税区分はそれぞれ異なります。一般株式とは上場株式等以外の株式等をいいます。

▼　**株式等の区分**

区分	申告区分	通算	税率
一般株式等	申告分離課税	譲渡損失の金額は，原則として上場株式等に係る譲渡所得等の金額から控除することはできない	20.315 %（国税 15 %住民税 5 %特別復興所得税0.315 %）
上場株式等	申告分離課税	譲渡損失の金額を一般株式等に係る譲渡所得等の金額から控除することはできない	

2 株式等

　株式等とは，次に掲げるものをいいます。外国法人に係るものを含み，ゴルフ場その他の施設の利用に関する権利に類するものとして政令で定める株式又は出資者の持分を除きます（措法 37 の 10 ②，措令 25 の 8 ②）。

① 　株式（株主又は投資主となる権利，株式の割当てを受ける権利，新株予約権（新投資口予約権を含みます。）及び新株予約権の割当てを受ける権利並びに投資信託及び投資法人に関する法律第 2 条第 14 項に規定する投資口を含みます。）（措通 37 の 10・37 の 11 共 − 19）

② 　特別の法律により設立された法人の出資者の持分，合名会社，合資会社又は合同会社の社員の持分，協同組合等の組合員又は会員の持分その他法人の

出資者の持分（出資者，社員，組合員又は会員となる権利及び出資の割当て
を受ける権利を含むものとし，③に掲げるものを除きます。）

③　協同組織金融機関の優先出資に関する法律に規定する優先出資（優先出資
者となる権利及び優先出資の割当てを受ける権利を含みます。）及び資産の
流動化に関する法律に規定する優先出資（優先出資社員となる権利及び資産
の流動化に関する法律規定する引受権を含みます。）

④　投資信託の受益権

⑤　特定受益証券発行信託の受益権

⑥　社債的受益権

⑦　公社債（預金保険法に規定する長期信用銀行債等並びに農水産業協同組合
貯金保険法に規定する農林債及び償還差益につき発行時に源泉徴収された
割引債を除きます。）（措令 25 の 8 ③）

3　上場株式等

上場株式等とは，次の株式をいいます（措法 37 の 11 ②）。

①　金融商品取引所に上場されている株式等

　　イ　店頭売買登録銘柄として登録された株式（出資を含みます。）（措令 25
　　の 9 ②）

　　ロ　店頭転換社債型新株予約権付社債（措令 25 の 9 ②）

　　ハ　外国金融商品市場において売買されている株式等（措令 25 の 9 ②）

　　ニ　店頭管理銘柄株式（出資及び投資口を含みます。）（措規 18 の 10 ①）

　　ホ　日本銀行出資証券（措規 18 の 10 ①）

②　投資信託でその設定に係る受益権の募集が公募により行われたもの（特定
株式投資信託を除きます。）の受益権

③　特定投資法人の投資口

④　特定受益証券発行信託（その信託契約の締結時において委託者が取得する
受益権の募集が公募により行われたものに限ります。）の受益権

⑤　特定目的信託（その信託契約の締結時において原委託者が取得する社債的

受益権の募集が公募により行われたものに限ります。）の社債的受益権

⑥　国債及び地方債

⑦　外国又はその地方公共団体が発行し，又は保証する債券

⑧　会社以外の法人が特別の法律により発行する債券（外国法人に係るもの並びに投資法人債，短期投資法人債，特定社債及び特定短期社債を除きます。）

⑨　公社債でその発行の際の募集が公募により行われたもの（措令25の9③）

⑩　社債のうち，その発行の日前9か月以内（外国法人にあっては，12か月以内）に有価証券届出書，有価証券報告書等を内閣総理大臣に提出している法人が発行するもの

⑪　金融商品取引所（これに類するもので外国の法令に基づき設立されたものを含みます。）において公表された公社債情報（一定の期間内に発行する公社債の種類及び総額，その公社債の発行者の財務状況及び事業の内容その他公社債及び発行者に関して明らかにされるべき基本的な情報）に基づき発行する一定の公社債

⑫　国外において発行された公社債で，次に掲げるもの

　イ　有価証券の売出し（売付け勧誘等で一定の場合に該当するものに限ります。）に応じて取得した公社債で，取得の時から引き続きその有価証券の売出しをした金融商品取引業者等の営業所において保管の委託がされているもの

　ロ　売付け勧誘等に応じて取得した公社債（売出し公社債を除きます。）で，取得の日前9か月以内（外国法人にあっては，12か月以内）に有価証券報告書等を提出している会社が発行したもの（取得の時から引き続き売付け勧誘等をした金融商品取引業者等の営業所において保管の委託がされているものに限ります。）

⑬　外国法人が発行し，又は保証する債券で次のもの（措令25の9⑥）

　イ　次に掲げる外国法人が発行し，又は保証する債券

　　i　その出資金額又は拠出をされた金額の合計額の2分の1以上が外国の政府により出資又は拠出をされている外国法人

　　ⅱ　外国法人で，その業務がその外国の政府の管理の下に運営されている
　　　もの
　ロ　国際機関が発行し，又は保証する債券
⑭　銀行業若しくは第一種金融商品取引業を行う者（第一種少額電子募集取扱
　業者を除きます。）若しくは外国の法令に準拠してその国において銀行業若
　しくは金融商品取引業を行う法人又は次に掲げる者が発行した社債（その取
　得をした者が実質的に多数でないものとして一定のものを除きます。）
　イ　銀行等がその発行済株式又は出資の全部を直接又は間接に保有する関
　　　係として政令で定める関係（ロにおいて「完全支配の関係」といいます。）
　　　にある法人
　ロ　親法人（銀行等の発行済株式又は出資の全部を直接又は間接に保有する
　　　関係として政令で定める関係のある法人をいいます。）が完全支配の関係
　　　にある銀行等以外の法人
⑮　平成 27 年 12 月 31 日以前に発行された公社債（その発行の時に同族会社
　に該当する会社が発行したものを除きます。）

4　所得区分

　株式等の譲渡における所得は「事業所得」「譲渡所得」「雑所得」に区分さ
れます（措法 37 の 10 ①，37 の 11 ①）。

5　所得金額の計算

　株式等の譲渡における所得金額は次のとおり一般株式等及び上場株式等に
区分して計算します。

⑴　一般株式等の譲渡所得の計算

　一般株式等の譲渡所得の計算は，次によります（措法 37 の 10 ⑥三）。

一般株式等の 譲渡による総　− 収入金額	（取得費　+	譲渡に要した費用の額並びにその年 中に支払うべき一般株式等を取得す るために要した負債の利子の額）

(2)　上場株式等の譲渡所得の計算

　上場株式等の譲渡所得の計算は，次によります（措法 37 の 11 ⑥）。

上場株式等の 譲渡による総　− 収入金額	（取得費　+	譲渡に要した費用の額並びにその年 中に支払うべき上場株式等を取得す るために要した負債の利子の額）

2　株式等の譲渡の日

1　譲渡の日

　株式の譲渡の日，つまり譲渡所得の総収入金額の収入すべき時期とは，譲渡所得の基本である引渡しの日をいいます。ただ，株式等は商品のバリュエーションが多く土地や動産のように単体での取引だけではありません。次のとおり信用取引，株式交換等特定の株式の譲渡の日以外は原則的な取扱いとなります。

2　株式等に係る譲渡所得等の総収入金額の収入すべき時期

⑴　原則的取扱い

　次の⑵から⑾まで以外の場合，次の①引渡しがあった日が原則的取扱いです（措通 37 の 10・37 の 11 共-1）。

① 「株式等の引渡しがあった日」によります。

② 　納税者の選択により，「株式等の譲渡に関する契約の効力発生の日」により総収入金額に算入して申告をすることができます。

⑵　信用取引又は発行日取引

　信用取引又は発行日取引（以下「信用取引等」といいます。）の方法による場合（金商法 156 の 24 ①）

　「信用取引等の決済の日」

⑶　株式交換

　所有する株式（以下「旧株」といいます。）を発行した法人の行った株式交換により株式交換完全親法人に対して旧株を譲渡した場合（所法 57 の 4 ①）

「契約において定めたその効力を生ずる日」

⑷　株式移転

　旧株を発行した法人の行った株式移転により株式移転完全親法人に対して旧株を譲渡した場合（所法57の4②）
　「株式移転完全親法人の設立登記の日」

⑸　取得請求権付株式等

　次のイからニに該当する有価証券を譲渡した場合（所法57の4③各号）
　イ　取得請求権付株式
　「請求権の行使をした日」
　ロ　取得条項付株式（取得条項付新株予約権及び取得条項付新株予約権が付された新株予約権付社債を含みます。）
　「取得事由が生じた日」
　ハ　全部取得条項付種類株式
　「取得決議において定めた会社が全部取得条項付種類株式を取得する日」
　ニ　新株予約権付社債についての社債
　「新株予約権を行使した日」

⑹　租税特別措置法第37条の10第3項に規定する事由に基づき交付を受ける金銭及び金銭以外の資産（以下「金銭等」といいます。）の額が一般株式等に係る譲渡所得等又は上場株式等に係る譲渡所得等に係る収入金額とみなされる場合

　イ　合併（措法37の10③一及び措令25の8④一）
　　①　「契約において定めたその効力を生ずる日（新設合併の場合は，新設合併設立会社の設立登記の日）」
　　②　その日前に金銭等が交付される場合
　　　「交付の日」

ロ　分割（措法 37 の 10 ③二）

①　「契約において定めたその効力を生ずる日（新設分割の場合は，新設分割設立会社の設立登記の日）」

②　その日前に金銭等が交付される場合

「交付の日」

ハ　株式分配（措法 37 の 10 ③三）

①　「株式分配について定めたその効力を生ずる日」

②　その効力を生ずる日を定めていない場合

「株式分配を行う法人の社員総会その他正当な権限を有する機関の決議があった日」

ニ　資本の払戻し（措法 37 の 10 ③四）

「払戻しに係る剰余金の配当又は同号に規定する出資等減少分配がその効力を生ずる日」

ホ　解散による残余財産の分配（措法 37 の 10 ③四）

①　「分配開始の日」

②　その分配が数回に分割して行われる場合

「それぞれの分配開始の日」

ヘ　自己の株式又は出資の取得（措法 37 の 10 ③五）

「その法人の取得の日」

ト　出資の消却，出資の払戻し，社員その他の出資者の退社若しくは脱退による持分の払戻し又は株式若しくは出資を法人が取得することなく消滅させるもの（措法 37 の 10 ③六）

「これらの事実があった日」

チ　組織変更（措法 37 の 10 ③七及び措令 25 の 8 ④二）

①　「組織変更計画において定めたその効力を生ずる日」

②　その効力を生ずる日前に金銭等が交付される場合

「その交付の日」

リ　公社債の元本の償還（措法 37 の 10 ③八）

「償還の日」

　償還の日とは次に掲げる場合の区分に応じ，それぞれ次に掲げる日（ただし，買入れの方法による償還の場合は(1)の日）によります。

　（イ）　記名の公社債（無記名の公社債のうち，所基通36-3《振替記載等を受けた公社債》の定めによるものを含みます。）の場合

　　「償還期日」

　（ロ）　無記名の公社債（（イ）の公社債を除きます。）の場合

　　「公社債の元本の償還により交付を受ける金銭等の交付の日」

　ヌ　分離利子公社債に係る利子の交付（措法37の10③九）「所基通36-2《利子所得の収入金額の収入すべき時期》の取扱いに準じます。

(7)　次の事由に基づき交付を受ける金銭等の額が一般株式等に係る譲渡所得等の収入金額とみなされる場合（措法37の10④）

　イ　上場廃止特定受益証券発行信託の終了（その上場廃止特定受益証券発行信託の信託の併合に係るものを除きます。）若しくは一部の解約又は投資信託等の終了（投資信託等の信託の併合に係るものを除きます。）若しくは一部の解約（措法37の10④一）

　　「その終了又は一部の解約の日」

　ロ　上場廃止特定受益証券発行信託の信託の併合又は投資信託等の信託の併合（措法37の10④一）

　　①　「信託の併合がその効力を生ずる日」

　　②　効力を生ずる日前に金銭等が交付される場合

　　　「交付の日」

　ハ　特定受益証券発行信託に係る信託の分割（措法37の10④三）

　　①　「信託の分割がその効力を生ずる日」

　　②　効力を生ずる日前に金銭等が交付される場合

　　　「交付の日」

　ニ　社債的受益権の元本の償還（措法37の10④四）

「償還の日」

⑻　**次の事由に基づき交付を受ける金銭等の額が上場株式等に係る譲渡所得等に係る収入金額とみなされる場合**（措法 37 の 11 ④各号）

　　イ　投資信託等の終了（当該投資信託等の信託の併合に係るものを除きます。）若しくは一部の解約（措法 37 の 11 ④一）

　　「終了又は一部の解約の日」

　　ロ　投資信託等の信託の併合（措法 37 の 11 ④一）

　　　①　「信託の併合がその効力を生ずる日」

　　　②　効力を生ずる日前に金銭等が交付される場合

　　　　「交付の日」

　　ハ　特定受益証券発行信託に係る信託の分割（措法 37 の 11 ④二）

　　　①　「信託の分割がその効力を生ずる日」

　　　②　効力を生ずる日前に金銭等が交付される場合

　　　　「交付の日」

　　ニ　社債的受益権の元本の償還（措法 37 の 11 ④三）

　　「償還の日」

⑼　**取得条項付新投資口予約権に係る取得事由の発生による取得条項付新投資口予約権を譲渡した場合**

「取得事由が生じた日（その取得条項付新投資口予約権を発行する投資法人が取得事由の発生により取得条項付新投資口予約権の一部を取得することとするときは，取得事由が生じた日と取得の対象となった新投資口予約権者への取得条項付新投資口予約権を取得する旨の通知又は公告の日から 2 週間を経過した日のいずれか遅い日）」

⑽　**一般株式等に係る譲渡所得等又は上場株式等に係る譲渡所得等に係る収入金額とみなされる場合**（措法 37 の 14 の 3 ①又は②）

「租税特別措置法第 37 条の 14 の 3 第 1 項に規定する特定合併又は同条第 2 項に規定する特定分割型分割によるものについては，その契約において定めたその効力を生ずる日」

⑾　**一般株式等に係る譲渡所得等又は上場株式等に係る譲渡所得等に係る収入金額とみなされる場合**（措法 37 の 14 の 3 ③）

①　租税特別措置法第 37 条の 14 の 3 第 3 項に規定する特定株式分配によるもの

「特定株式分配について定めたその効力を生ずる日」

②　その効力を生ずる日を定めていない場合

「特定株式分配を行う法人の社員総会その他正当な権限を有する機関の決議があった日」

 もう一押し！

源泉徴収を選択した特定口座を通じて行った特定口座保管上場株式の譲渡について，選択により約定日の時点で総収入金額に算入することはできないとした事例

源泉徴収選択口座の制度を利用することを選択した者は，譲渡をした日を基準に金融商品取引業者等が収入金額及び必要経費等の計算を行うことを前提に同制度を選択したものと解されるため，同制度において前提とされる計算と異なる日を選択して申告を行うことは予定されていないと解すべきであり，本件においては，特定口座内において処理される収入金額等の額が受渡日を基準に計算され，その状況により特定口座年間取引報告書も作成され請求人に報告されていること，また，特定口座源泉徴収選択届出書の提出期限が，特定口座内保管上場株式等の譲渡に係る決済日であること，さらに，本件譲渡に係る所得税等の源泉徴収は，受渡日に行われていることから，金融商品取引業者等は，受渡日を基準として所

210

得計算等を行っていたといえ，金融商品取引業者等の行う所得計算等に基づき申告を行うことを選択した後において，約定日を本件譲渡に係る譲渡所得の収入すべき時期として申告することはできない。

（裁決　2017 年（平成 29 年）5 月 8 日）

3 株式等の取得の日

1 取得の日の判定

　一般株式等又は上場株式等に係る譲渡所得等の金額を計算する場合における株式等の「取得をした日」の判定は，次によります（措通37の10・37の11共-18）。

株式等の区分	取得の日
(1)　他から取得した株式等	①　引渡しがあった日 ②　納税者の選択により，株式等の取得に関する契約効力発生日を取得した日として申告することができる。
(2)　金銭の払込み又は財産の給付（以下「払込み等」といいます。）により取得した株式等	その払込み等の期日（払込み等の期間が定められている場合には払込み等を行った日）
(3)　取締役の報酬等（会社法第361条第1項《取締役の報酬等》に規定する報酬等をいいます。）として取得する株式等で，払込み等を要しないもの	割当日
(4)　新株予約権（新投資口予約権を含みます。）の行使（新株予約権付社債に係る新株予約権の行使を含みます。）により取得した株式等	その新株予約権を行使した日
(5)　株式等の分割又は併合により取得した株式等及び株主割当てにより取得した株式等	取得の基因となった株式等の「取得をした日」

(6)　株式無償割当てにより取得した株式等	①　その取得の基因となった株式等の「取得をした日」 ②　その株式無償割当ての基因となった株式等と異なる種類の株式等が割り当てられた場合，株式無償割当ての効力を生ずる日
(7)　新株予約権無償割当て（新投資口予約権無償割当てを含みます。）により取得した新株予約権	新株予約権無償割当ての効力を生ずる日
(8)　法人の合併又は法人の分割により取得した株式等	①　その取得の基因となった株式等の「取得をした日」 ②　一般株式等に係る譲渡所得等又は上場株式等に係る譲渡所得等に係る収入金額とみなされることとなる金額がある場合における法人の合併又は法人の分割により取得した株式等は，契約において定めたその効力を生ずる日（新設合併又は新設分割の場合は，新設合併設立会社又は新設分割設立会社の設立登記の日）
(9)　株式分配（法人税法第２条第12号の15の２《定義》に規定する株式分配をいいます。）により取得した株式等	①　その取得の基因となった株式等の「取得をした日」 ②　一般株式等に係る譲渡所得等又は上場株式等に係る譲渡所得等に係る収入金額とみなされることとなる金額がある場合における株式分配により取得した株式等は，株式分配について定めたその効力を生ずる日 ③　②の株式分配について定めたその効力を生ずる日を定めていない場合，その株式分配を行う法人の社員総会その他正当な権限を有する機関の決議があった日
(10)　投資信託又は特定受益証券発行信託（以下「投資信託等」といいます。）の受益権に係る投資信託等の信託の併合により取得した受益権	①　その取得の基因となった投資信託等の受益権の「取得をした日」 ②　一般株式等に係る譲渡所得等又は上場株式等に係る譲渡所得等に係る収入金額とみなされることとなる金額がある場合における投資信託等の信託の併合により取得した受益権は，その契約において定めたその効力を生ずる日

(11) 特定受益証券発行信託の受益権に係る特定受益証券発行信託の信託の分割により取得した受益権	① その取得の基因となった特定受益証券発行信託の受益権の「取得をした日」 ② 一般株式等に係る譲渡所得等又は上場株式等に係る譲渡所得等に係　収入金額とみなされることとなる金額がある場合における特定受益証券発行信託の信託の分割により取得した受益権は，その契約において定めたその効力を生ずる日
(12) 組織変更により取得した株式等	① その取得の基因となった株式等の「取得をした日」 ② 一般株式等に係る譲渡所得等又は上場株式等に係る譲渡所得等に係る収入金額とみなされることとなる金額がある場合における組織変更により取得した株式等は，組織変更において定めたその効力を生ずる日
(13) 株式交換により取得した株式等	その契約において定めたその効力を生ずる日
(14) 株式移転により取得した株式等	株式移転完全親法人の設立登記の日
(15) 株式交付により取得した株式等	株式交付計画に定められた株式交付がその効力を生ずる日
(16) 取得請求権付株式の請求権の行使の対価として交付された株式等	請求権の行使をした日
(17) 取得条項付株式（取得条項付新株予約権及び取得条項付新株予約権が付された新株予約権付社債を含みます。）の取得対価として交付された株式等	① 取得事由が生じた日 ② 取得条項付株式を発行する法人が取得事由の発生により取得条項付株式の一部を取得することとするときは，取得事由が生じた日と取得の対象となった株主等へのその株式等を取得する旨の通知又は公告の日から2週間を経過した日のいずれか遅い日
(18) 全部取得条項付種類株式の取得対価として交付された株式等	全部取得条項付種類株式に係る取得決議において定めた会社が全部取得条項付種類株式を取得する日

⒆　信用取引の買建てにより取得していた株式等をいわゆる現引きにより取得した場合	その買建ての際における（1）の日
⒇　上場株式等償還特約付社債の償還により取得した株式等	償還の日
㉑　金融商品取引法第28条第8項第3号ハ《通則》に掲げる取引による権利の行使又は義務の履行により取得した株式等	①　取引の対象株式等の売買に係る決済の日 ②　納税者の選択により，その権利の行使の日又は義務の履行の日を取得をした日として申告することができる。

2　贈与，相続又は遺贈により取得した株式等

　贈与，相続又は遺贈により取得した株式等の取得の日は，　所得税法第60条第1項《贈与等により取得した資産の取得費等》の規定の適用があります。受贈者，相続人又は受遺者が引続き所有していたものとみなされますので，贈与者又は被相続人が取得した日を引き継ぎます（措通37の10・37の11共-18注）。贈与の時又は相続の時ではないことに留意します。

4 株式等を譲渡した場合の収入金額

1 株式等を譲渡した場合の収入金額の原則

　株式等の譲渡における収入金額とすべき金額又は総収入金額に算入すべき金額は，譲渡の対価としてその年において収入すべき金額のことをいいます（所法36）。金銭以外の物又は権利その他経済的な利益をもって収入する場合には，その金銭以外の物又は権利その他経済的な利益の価額が収入すべき金額です。株式等を譲渡した場合についても，基本的に譲渡価額が収入金額です。

　その他にみなし譲渡課税があります。一般株式等と上場株式等では取扱いが異なるので区分します。

2 一般株式等を譲渡した場合の収入金額とみなされるもの

⑴ 法人の合併等により交付を受ける金銭等の額

　一般株式等を譲渡した場合の総収入金額は，次によります。なお，配当等とみなされる金額は除きます（措法37の10③）。

　① 法人の株主等がその法人の合併により交付を受ける金銭の額及び金銭以外の資産の価額の合計額

　　ただし，株主等に合併法人又は合併親法人のうちいずれか一の法人の株式又は出資以外の資産（剰余金の配当，利益の配当又は剰余金の分配として交付された金銭その他の資産及び合併に反対する株主等に対する買取請求に基づく対価として交付される金銭その他の資産を除きます。）の交付がされなかった合併を除きます（措法37の10③一）。

　② 法人の株主等がその法人の分割により交付を受ける金銭の額及び金銭以外の資産の価額の合計額

　　ただし，分割対価資産として分割承継法人又は分割承継親法人のうちい
ずれか一の法人の株式又は出資以外の資産の交付がされなかったもので，
その株式又は出資が分割法人の発行済株式又は出資の総数又は総額のうち
に占めるその分割法人の各株主等の有するその分割法人の株式の数又は金
額の割合に応じて交付された分割を除きます（措法 37 の 10 ③二，措令 25
の 8 ⑥）。

③　法人の株主等がその法人の行った株式分配により交付を受ける金銭の額
　　及び金銭以外の資産の価額の合計額

　　ただし，その法人の株主等に完全子法人の株式又は出資以外の資産の交
付されなかった株式分配で，その株式又は出資が現物分配法人の発行済株
式又は出資の総数又は総額のうちに占めるその現物分配法人の各株主等の
有するその現物分配法人の株式の数又は金額の割合に応じて交付されたも
のを除きます（措法 37 の 10 ③三）。

④　法人の株主等がその法人の資本の払戻し（株式に係る剰余金の配当（資本
　　剰余金の額の減少に伴うものに限ります。）のうち分割型分割（法人課税信
　　託に係る信託の分割を含みます。）によるもの及び株式分配以外のもの並び
　　に出資等減少分配をいいます。）により，又はその法人の解散による残余財
　　産の分配として交付を受ける金銭の額及び金銭以外の資産の価額の合計額
　　（措法 37 の 10 ③四）

⑤　法人の株主等がその法人の自己の株式又は出資の取得（金融商品取引所の
　　開設する市場における購入等による取得その他の政令で定める一定の取得
　　及び所得税法第 57 条の 4 第 3 項第 1 号から第 3 号までに掲げる株式又は出
　　資の同項に規定する場合に該当する場合における取得を除きます。）により
　　交付を受ける金銭の額及び金銭以外の資産の価額の合計額（措法 37 の 10
　　③五，措令 25 の 8 ⑨）

⑥　法人の株主等がその法人の出資の消却（取得した出資について行うものを
　　除きます。），その法人の出資の払戻し，その法人からの退社若しくは脱退に
　　よる持分の払戻し又はその法人の株式若しくは出資をその法人が取得する

ことなく消滅させることにより交付を受ける金銭の額及び金銭以外の資産
の価額の合計額（措法37の10③六）

⑦　法人の株主等がその法人の組織変更（組織変更に際してその法人の株式又
は出資以外の資産が交付されたものに限ります。）により交付を受ける金銭
の額及び金銭以外の資産の価額の合計額（措法37の10③七）

⑧　公社債の元本の償還（買入れの方法による償還を含みます。）により交付
を受ける金銭の額及び金銭以外の資産の価額（金銭又は金銭以外の資産とと
もに交付を受ける金銭又は金銭以外の資産で元本の価額の変動に基因する
ものの価額を含みます。）の合計額

ただし，特定公社債以外の公社債の償還により交付を受ける金銭又は金
銭以外の資産でその償還の日においてその者を判定の基礎となる株主とし
て選定した場合に金銭又は金銭以外の資産の交付をした法人が同族会社に
該当することとなるときにおけるその株主その他の政令で定める一定の者
が交付を受けるものの価額を除きます（措法37の10③八，措令25の8
十）。

⑨　分離利子公社債（公社債で元本に係る部分と利子に係る部分とに分離され
てそれぞれ独立して取引されるもののうち，利子に係る部分であった公社債
をいいます。）に係る利子として交付を受ける金銭の額及び金銭以外の資産
の価額の合計額

⑵　投資信託等の受益権に基づき交付を受ける金銭等の額

投資信託等の受益権で一般株式等に該当するもの又は社債的受益権で一般
株式等に該当するものを有する居住者又は恒久的施設を有する非居住者がこ
れらの受益権につき交付を受ける次に掲げる金額は，一般株式等に係る譲渡
所得等の収入金額とみなします（措法37の10④）。

①　上場廃止特定受益証券発行信託（その受益権が金融商品取引所に上場され
ていたことその他の政令で定める一定の要件に該当する特定受益証券発行
信託をいいます。）の終了又は一部の解約により交付を受ける金銭の額及び

金銭以外の資産の価額の合計額

　上場廃止特定受益証券発行信託の信託の併合に係るものである場合，上場廃止特定受益証券発行信託の受益者に信託の併合に係る新たな信託の受益権以外の資産（信託の併合に反対する受益者に対するその買取請求に基づく対価として交付される金銭その他の資産を除きます。）の交付がされた信託の併合に係るものに限ります。

②　投資信託等（上場廃止特定受益証券発行信託を除きます。）の終了又は一部の解約により交付を受ける金銭の額及び金銭以外の資産の価額の合計額のうちその投資信託等について信託されている金額（投資信託等の受益権に係る部分の金額に限ります。）に達するまでの金額

　投資信託等の信託の併合に係るものである場合，投資信託等の受益者に信託の併合に係る新たな信託の受益権以外の資産（信託の併合に反対する受益者に対するその買取請求に基づく対価として交付される金銭その他の資産を除きます。）の交付がされた信託の併合に係るものに限ります。

③　特定受益証券発行信託に係る信託の分割により交付を受ける金銭の額及び金銭以外の資産の価額の合計額のうちその特定受益証券発行信託について信託されている金額（特定受益証券発行信託の受益権に係る部分の金額に限ります。）に達するまでの金額

　信託の分割は，分割信託（信託の分割によりその信託財産の一部を受託者を同一とする他の信託又は新たな信託の信託財産として移転する信託をいいます。）の受益者に承継信託（信託の分割により受託者を同一とする他の信託からその信託財産の一部の移転を受ける信託をいいます。）の受益権以外の資産（信託の分割に反対する受益者に対する受益権取得請求に基づく対価として交付される金銭その他の資産を除きます。）の交付がされたものに限ります。

④　社債的受益権の元本の償還により交付を受ける金銭の額及び金銭以外の資産の価額の合計額

3 ▶ 上場株式等を譲渡した場合の収入金額とみなされるもの

⑴ 法人の合併等により交付を受ける金銭等の額

　法人の合併等により交付を受ける金銭等の額が，収入金額とみなされるのは 2 ⑴と同じです（措法 37 の 11 ③）。

⑵ 投資信託等の受益権に基づき交付を受ける金銭等の額

　投資信託等の受益権で上場株式等に該当するもの又は社債的受益権で上場株式等に該当するものを有する居住者等がこれらの受益権につき交付を受ける次に掲げる金額は，上場株式等に係る譲渡所得等に係る収入金額とみなします（措法 37 の 11 ④）。

　① 投資信託等の終了又は一部の解約により交付を受ける金銭の額及び金銭以外の資産の価額の合計額

　　投資信託等の終了が投資信託等の信託の併合に係るものである場合，投資信託等の受益者に信託の併合に係る新たな信託の受益権以外の資産（信託の併合に反対する受益者に対するその買取請求に基づく対価として交付される金銭その他の資産を除きます。）の交付がされた信託の併合に係るものに限ります。

　② 特定受益証券発行信託に係る信託の分割により交付を受ける金銭の額及び金銭以外の資産の価額の合計額

　　信託の分割は分割信託の受益者に承継信託の受益権以外の資産（信託の分割に反対する受益者に対する受益権取得請求に基づく対価として交付される金銭その他の資産を除きます。）の交付がされたものに限ります。

　③ 社債的受益権の元本の償還により交付を受ける金銭の額及び金銭以外の資産の価額の合計額

5　株式等の取得費

1　取得費の原則

　株式等の取得費は，原則として取得区分により次に掲げる金額です（所令109①）。

取得区分		取得費
(1)　払込みにより取得した株式等		①　払込み金銭の額 ②　新株予約権（新投資口予約券を含みます。）の行使により取得した株式等にあっては，その新株予約権の取得価額を含み，その金銭の払込による取得のために要した費用の額を加算した額
(2)　特定譲渡制限付株式又は承継譲渡制限付株式（右記において「特定譲渡制限付株式等」といいます。）		特定譲渡制限付株式等の譲渡についての制限が解除された日における価額 　ただし，特定譲渡制限付株式等の交付を受けた個人がその制限が解除される前に死亡した場合，その個人の死亡の時に発行法人等が無償で取得しないことが確定しているものについては，その個人が死亡した日における価額
(3)　発行法人から与えられた権利の行使により取得した株式等（いわゆる税制適格ストックオプションの行使により取得する特定権利行使株式を除きます。）	①　旧商法に規定する新株予約権	その権利の行使の日における価額
	②　会社法に規定する新株予約権	

	③　株式と引換えに払い込むべき金額が有利な金銭である場合におけるその株式を取得する権利（①又は②に該当するものを除きます。）	その権利に基づく払込み又は給付の期日における価額
(4)　発行法人の株主等として与えられた新たな払込みや給付を要しないで取得した株式又は新株予約権		零
(5)　購入したもの		次の（ⅰ）及び（ⅱ）の合計額 （ⅰ）　購入の対価 （ⅱ）　購入手数料（購入手数料に係る消費税も含みます。）のほか交通費，通信費，名義書換料などその株式等を取得するために要した費用
(6)　(1)から(5)以外の方法により取得した株式		その取得の時におけるその株式等の取得のために通常要する価額
(7)　相続，遺贈又は贈与により取得した株式等		次の（ⅰ）及び（ⅱ）の合計額 （ⅰ）　相続（限定承認に係るものを除きます。），遺贈（包括遺贈のうち限定承認に係るものを除きます。）又は贈与により取得した場合，被相続人，遺贈者又は贈与者が取得したときの価額 （ⅱ）　取得にあたって相続人，受遺者又は受贈者が支払った名義書換手数料などの金額

2 同一銘柄の株式等を複数回にわたって購入している場合の取得費

　同一銘柄の株式等を複数回にわたって取得し，その一部を譲渡した場合の取得費は，総平均法に準ずる方法によって算出した金額です（所令118①）。

総平均法に準ずる方法とは，株式等をその種類及び銘柄の異なるごとに区分して，その種類等の同じものについて次の算式により計算する方法をいいます。

$$(A ＋ B) ÷ (C ＋ D) ＝ 1 単位当たりの金額$$

A ＝ 株式等を最初に購入した時の購入価額の総額

B ＝ 株式等を最初に購入した後から今回の譲渡の時までの購入価額の総額。既に
その株式等を譲渡している場合には，直前の譲渡の後の金額

C ＝ A に係る株式等の総数

D ＝ B に係る株式等の総数

3　概算取得費の適用

　株式等の取得価額が不明な場合，譲渡収入金額の 5 ％相当額（以下「概算取得費」といいます。）を取得費とすることができます（措通 37 の 10・37 の 11 共－13）。

　また，株式等の取得費（取得価額）の金額が，その譲渡に係る収入金額の 5 ％相当額に満たない場合には，その 5 ％相当額を取得費（取得価額）の金額とすることができます。

　取得費が不明な場合，概算取得費を適用することができますが，取得価額が判明している場合は，併用適用できないことに留意します。

4　取得価額を把握する手段

　株式の取得価額が不明な場合，概算取得費を適用することができますが，実際の取得価額はそれ以上になることが確実である場合があります。確認する手段として国税庁は「タックスアンサー」において次の方法を公表しています。

①　証券会社などの金融商品取引業者等から送られてくる取引報告書

　取引報告書以外に，口座を開設する金融商品取引業者等が交付する取引残

高報告書（上場株式等の取引がある場合に交付されます。），月次報告書，受渡計算書などの書類で確認できる場合があります。

② 取引した金融商品取引業者等の「顧客勘定元帳」

過去10年以内に購入したものであれば，その金融商品取引業者等で確認できます。なお，10年より前の取引情報が任意に保存されている場合があります。

③ 手控え等

日記帳や預金通帳などの手控えによって取得価額が分かれば，その額によります。

日記帳などの手控えで取得時期のみが確認できる場合には，その取得時期を基に取得価額を算定しても差し支えありません。

④ 名義書換日を調べて取得時期を把握し，その時期の相場を基に計算した取得価額

①～③で確認できない場合など。例えば，発行会社（株式の発行会社が証券代行会社に名義書換業務を委託している場合にはその証券代行会社）の株主名簿・複本・株式異動証明書などの資料を手がかりに株式等の取得時期（名義書換時期）を把握し，その時期の相場を基にして取得費（取得価額）を計算することができます。なお，株券電子化後手元に残った株券の裏面で確認しても差し支えありません。

6　株式等の譲渡費用

　株式等の譲渡に要した費用等には，譲渡所得の原則である譲渡に直接要した費用です。また，次に掲げるものが含まれます。

①　株式等の譲渡のために要した委託手数料（消費税を含みます。）等

②　譲渡した株式等の取得のための借入金等の利子で，その年中の所有期間に対応する部分の金額

③　株式売買を内容とする投資一任契約（ラップ口座）に基づいて支払う固定報酬及び成功報酬

　ただし，固定報酬は暦年単位で，成功報酬は契約期間満了の時で判断します。そのため，契約期間が年をまたぐなどの場合は，個々の契約内容に基づいて，費用計上の時期を判断する必要があります（国税庁文書回答事例「投資一任口座における株取引の税務上の取扱いについて」）。

第 5 編
配偶者居住権の譲渡

　2018年（平成30年）7月6日に成立した「民法及び家事事件手続法の一部を改正する法律」により創設され，2020年（令和2年）4月1日に施行された配偶者居住権は財産権とみなされます。財産権とはいうものの，譲渡することはできないと民法で明確に規定されています（民法1032②）。

　しかし，配偶者居住権の存続期間は原則として配偶者が死亡するまでであり，遺産分割等により期間を定めることができますが数十年単位となることでしょう。配偶者居住権を設定できる年齢に制限はありませんから，比較的若い配偶者が配偶者居住権を取得した場合，期間の途中で権利を放棄又は対価を取得して居住建物から退居することも想定されます。配偶者居住権という財産権が建物所有者に移転することになるため，税務上の問題が生じます。対価の授受がある場合「所得税（譲渡所得）」，対価の授受がない場合「贈与税」の課税の対象となります。

1 配偶者居住権の消滅による課税関係

1 配偶者居住権の譲渡

　配偶者居住権は譲渡することができません（民法1032②）。

　この規定は，消滅期限に向かって価値が減少していく資産を買い取ることが想定できないからでしょう。また，配偶者の晩年の安定した居住権を確保することが目的である法律であるため，第三者に対して譲渡して対価を得た場合，建物所有者と配偶者居住権を買い取った者とのトラブルが頻発することが想定されます。そのため，譲渡することはできません。

　また，建物所有者が配偶者居住権を買取り請求することもできません。

2 配偶者居住権の消滅による課税関係

　配偶者が死亡した場合や配偶者居住権の設定時に定めた期間満了の場合，配偶者居住権は消滅します。期間満了前であっても，次のような場合には配偶者居住権の残存価値には，相続税又は贈与税の課税関係は発生しません。期間満了等による場合，配偶者居住権に財産的価値を付さないとする取扱いです。

　① 期間満了及び借主である配偶者の死亡により使用貸借が終了したこと（民法1036の準用による民法597①③）

　② 居住建物の全部が，滅失その他の事由により使用及び収益をすることができなくなったこと（民法1036の準用による民法616の2）

3 合意により配偶者居住権が消滅した場合の課税関係

(1) 合意等により配偶者居住権が消滅する場合

　配偶者居住権は当事者間で合意により解除又は放棄することができます。

　配偶者及び建物所有者の任意の契約解除等合意又は放棄等により配偶者居住権又は，配偶者居住権の目的となっている建物の敷地の用に供される土地を配偶者居住権に基づき使用する権利（以下「配偶者居住権等」といいます。）が消滅した場合，当初の契約による存続期間満了の場合や建物の滅失等による使用不能の場合と異なり，財産権が移転すると捉えます。次のケースのことをいいます（相基通9-13の2）。

① 配偶者と建物の所有者との間の合意により，配偶者居住権を解消させたこと

② 配偶者が配偶者居住権を放棄したこと

③ 建物所有者が消滅の意思表示をしたこと（民法1032④）

⑵　課税関係

　上記①〜③のいずれかに該当して配偶者居住権が消滅し，建物所有者又はその敷地の所有者（以下「建物等所有者」といいます。）が次に該当する場合，建物等所有者が，その消滅直前に，配偶者居住権等の価額に相当する金額（対価の支払があった場合には，その価額を控除した金額）を，配偶者から贈与によって取得したものとして取り扱います。

（ⅰ） 対価を支払わない場合

（ⅱ） 著しく低い価額の対価を支払ったとき

　このことから，配偶者居住権の解消は対価の支払があることが原則との取扱いであることになります。対価の支払がある場合，その効果は譲渡と変わらないため，譲渡所得課税の対象となります（所基通33-6の8）。

終了の形態	譲渡	消滅	合意による消滅				
		配偶者の死亡，期間満了，居住建物の滅失等	対価の支払				
			有		無		
			配偶者	建物所有者	配偶者	建物所有者
課税関係	譲渡できない	課税関係なし	譲渡所得	課税関係なし（譲渡対価の支払）	課税関係なし	贈与税

4　配偶者居住権等の消滅に伴う対価の課税区分

　配偶者居住権等の消滅に伴う対価が譲渡所得の課税対象となります。

　2020 年（令和 2 年）7 月に改正された措置法通達 31・32 共-1 では，配偶者居住権等は，分離課税とされる譲渡所得の基因となる資産に含まれないとされたことから，総合課税対象資産となりました。

　配偶者居住権は実質的に賃借権と変わらないことから，総合課税の対象です。分離課税対象資産とは「土地又は土地の上に存する権利，建物（附属設備を含みます。），構築物（措法 33 ①）」に限られます。その敷地の利用権は，借地権とは異なり配偶者居住権に基づく敷地利用権であることから，土地の上に存する権利と認めることはできません。そこで敷地利用権として配偶者居住権に付随し一体的な課税関係とするものです。

▼　配偶者居住権等に係る課税関係

権利者	権利の区分	譲渡所得
配偶者	配偶者居住権	総合課税
	敷地利用権	
建物等所有者	建物	分離課税
	土地等	

2 配偶者居住権等の取得の日

1 相続等により取得した資産の取得の日の原則

相続等により取得した資産の取得日及び取得費は，その者が引き続き所有していたものとみなします（所法 60 ①）。次の場合のことをいいます。詳細は第 3 編第 2 章 3 （贈与・相続又は遺贈によって取得した資産）を参照してください。

① 贈与，相続（限定承認に係るものを除きます。）又は遺贈（包括遺贈のうち限定承認に係るものを除きます。）

② その資産の譲渡の時における時価の 2 分の 1 に満たない金額による譲渡（所法 59 ②）

2 配偶者居住権の取得の日

配偶者居住権を取得した時とは，配偶者居住権が設定された時をいいます（所法 60 ③一，所基通 60-4）。また，相続税法では，配偶者居住権を取得した日とは，遺産分割による場合は遺産分割の時であり遺贈による場合は相続開始の日です（相基通 23 の 2-2）。

▼ 配偶者居住権の取得の日

民法による取得		相続税法の取扱い
取得の形態	民法	
遺産の分割	1028 ①一	遺産の分割が行われた時
遺贈	1028 ①二	相続開始の時
死因贈与	1028 ①二 554	相続開始の時
調停	1029 ①	調停が成立した日
審判	1029 ①	審判が確定した日

遺産分割が数次にわたって行われることがあります。この場合の「遺産の分割が行われた時」とは，配偶者居住権の設定に係る遺産分割の時です。

3 譲渡所得の計算における長期譲渡所得又は短期譲渡所得の判定

配偶者居住権等を譲渡した場合の取得の日を，配偶者居住権等を取得した日であると捉えると，配偶者居住権等の設定から5年以内に譲渡した場合，短期譲渡所得となります。

そもそも配偶者居住権等は，被相続人が取得した建物及び土地に設定されたものであり，その権利を建物及び土地所有者と配分しているものです。建物及び土地所有者の所有する部分だけが相続又は遺贈により取得の日が引き継がれることは不合理です。配偶者居住権等の消滅時の取得費は，被相続人等から引き継いだ本来の居住建物の取得費をその建物所有権者である相続人と按分した額を基礎として計算します。それと平仄を合わせる必要から，長期譲渡所得又は短期譲渡所得の判定についても，被相続人等の取得時期を引き継ぐこととされました。所得税法施行令第82条第2項，第3項に規定により次により判定します。

(1) 相続又は遺贈により取得した配偶者居住権の消滅による所得

配偶者居住権を取得した時に配偶者居住権の目的となっている建物を譲渡したとしたならば，その建物を取得した日とされる日以後5年を経過する日後の消滅は長期譲渡所得とします。配偶者居住権が，被相続人が居住建物を取得した日以後5年を経過する日以前に消滅した場合は短期譲渡所得になります。

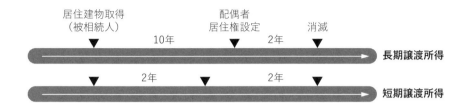

(2)　相続又は遺贈により取得した配偶者居住権の目的となっている建物の敷地の用に供される土地（土地の上に存する権利を含みます。）を配偶者居住権に基づき使用する権利の消滅による所得

　権利を取得した時に土地を譲渡したとしたならば，土地を取得した日とされる日以後5年を経過する日後の消滅は長期譲渡所得とします。配偶者敷地利用権が，被相続人が配偶者居住権付き建物の敷地の用に供される土地を取得した日以後5年を経過する日以前に消滅した場合は短期譲渡所得になります。

4　配偶者居住権等が消滅した後に居住建物又はその敷地の用に供される土地を譲渡した場合の居住建物又はその土地等の取得の日

⑴　配偶者居住権等が合意解除によって消滅した場合

　配偶者居住権等が合意解除によって消滅し，混同により全面的な所有権が所有者に帰属した場合，その取得の日を「配偶者居住権等」及び「建物及び土地の所有権」と区分して計算する必要があるかが問題となります。底地所有者が借地権を取得した場合の考え方を取るのかどうかです。借地権及び底地はそれぞれに確固たる財産権として取引されていることから，取得の日を検討するにあたって，それぞれの権利を取得した日が取得の日と取り扱われます。配偶者居住権は建物の中に存する権利であり，期限に向かって消滅していく財産的価値が非常に脆弱な資産です。そこで配偶者居住権を設定した

233

ときから解消までの期間は財産権の存在はみない，と考えるのが合理的です。

⑵　配偶者居住権等が合意解除によって消滅した場合の取得の日

　配偶者居住権等が消滅した後に，配偶者居住権の目的となっていた建物又は土地等（以下，「居住建物等」といいます。）を譲渡した場合，租税特別措置法第31条第2項に規定する所有期間を判定するときの「その取得をした日」は，配偶者居住権等の消滅の時期にかかわらず，建物又は土地等の取得をした日によります（措通31・32共－7）。

　つまり，配偶者居住権の設定又は消滅の日にかかわらず，配偶者居住権の設定に係る被相続人又は遺贈者が取得した日を引き継ぎます。

5　配偶者が居住建物又はその敷地の用に供される土地等を取得した場合の居住建物又はその土地等の取得の日

⑴　配偶者居住権等が合意解除によって消滅した場合

　配偶者居住権を有する配偶者が，居住建物等を取得した場合，混同により配偶者居住権は消滅します。

⑵　配偶者居住権等が合意解除によって消滅した場合の取得の日

　配偶者居住権を有する居住者が，居住建物等を取得し譲渡した場合，租税特別措置法第31条第2項に規定する所有期間を判定するときの「その取得をした日」は，配偶者居住権等の取得の時期にかかわらず，建物又は土地等の取得をした日によります（措通31・32共－8）。

　つまり，配偶者居住権の設定の日にかかわらず，配偶者が建物又は土地等を取得した日から引続き所有していたとみなされます。

⑶　取得の違いによる取得の日の相違

　配偶者が配偶者居住権が設定されている建物又は土地等を取得した場合の，

取得の手段により取得の日が異なります。

取得の方法	取得の日
贈与，相続又は遺贈による	贈与者等が取得した日を引き継ぐ
売買による	売買により取得した日

3 配偶者居住権等の取得費

1 配偶者居住権及び配偶者敷地利用権が消滅した場合の これらの権利の取得費

⑴ 配偶者居住権等の取得費の計算

相続又は遺贈により取得した次に掲げる権利が消滅した場合における譲渡所得の金額の計算については，それぞれ次のとおりです（所法60②）。所得税法第60条第1項の規定にかかわりません。

この場合，配偶者居住権等は，その存続期間において建物に居住できる権利及びそれに基づく敷地を使用できる権利であることから，期間の経過によりその価値が減少しますが，「配偶者居住権の存続期間を基礎として一定の計算をした金額」をそれぞれ控除することとされましたので，減価相当額の控除は行ないません（所法60③一）。

⑵ 配偶者居住権の消滅時の取得費

居住建物等についてその被相続人に係る居住建物等の取得費に配偶者居住権等割合を乗じて計算した金額から，その配偶者居住権の設定から消滅等までの期間に係る減価の額を控除した金額です。

被相続人の居住建物の取得費(注1)	×	配偶者居住権等の割合(注2)	−	配偶者居住権等設定から消滅等までにかかる減価の額

（注1）居住建物等のうち建物の取得費については，その取得の日からその設定の日までの期間に係る減価の額を控除します。

（注2）「配偶者居住権等の割合」とは，配偶者居住権の設定の時における配偶者居住権

又は配偶者敷地利用権の価額に相当する金額の居住建物等の価額に相当する金額に対する割合をいいます。

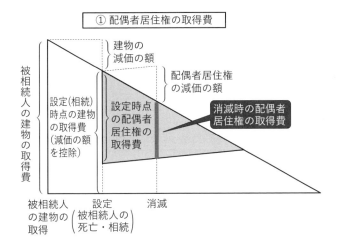

① 配偶者居住権の取得費

⑵　配偶者敷地利用権の消滅時の取得費

　相続又は遺贈により配偶者敷地利用権を取得した時に土地の取得費の額として計算される金額のうち，その時における配偶者敷地利用権の価額に相当する金額に対応する部分の金額として一定の計算をした金額により配偶者敷地利用権を取得したものとし，その金額から，配偶者居住権の存続期間を基礎として一定の計算をした金額を控除した金額が配偶者敷地利用権の取得費です（所法60③二）。

居住建物の敷地の用に供される土地等の取得費	×	配偶者居住権等の割合	−	配偶者居住権等設定から消滅等までにかかる減価の額

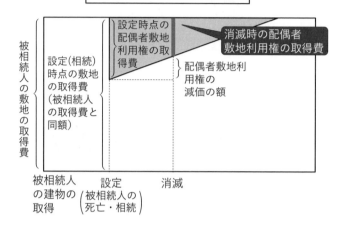

② 配偶者敷地利用権の取得費

設定時点の配偶者敷地利用権の取得費

消滅時の配偶者敷地利用権の取得費

被相続人の敷地の取得費

設定(相続)時点の敷地の取得費(被相続人の取得費と同額)

配偶者敷地利用権の減価の額

被相続人の建物の取得

設定(被相続人の死亡・相続)

消滅

2　配偶者居住権を有する者が，居住建物等を取得した場合の居住建物又はその土地の取得費

　配偶者居住権を有する者が配偶者居住権付き建物の持分（所有権）の全部を取得した場合には，混同により，配偶者居住権は消滅するものと解されています（民法 1028 ②）。この場合，居住建物は配偶者居住権が設定されていない建物となりますが，この居住建物をその後に譲渡した場合の取得費は，その居住建物の所有権の取得に要した対価の額（その居住建物を取得する際に支払った対価の額）になるものと考えられます。

　配偶者居住権を有する者が居住建物等を取得した後，譲渡した場合には，配偶者居住権等の消滅時に取得費とされるべき金額をその譲渡所得の金額の計算上控除する取得費に計上します。

　具体的には，相続又は遺贈により取得した配偶者居住権を有する居住者が，その後において次に掲げる資産を取得し，その資産を譲渡した場合には，その者がその資産を次に掲げる資産の区分に応じそれぞれ次に定める金額をもって取得したものとして，譲渡所得の金額を計算します（所令 169 の 2 ⑦）。

資産	取得費
イ　配偶者居住権付建物	その建物の取得費に，その取得の時において配偶者居住権が消滅したものと仮定して譲渡所得の金額の計算をした場合に配偶者居住権の消滅時の取得費とされる金額を加算した金額
ロ　配偶者居住権付建物の敷地の用に供される土地	その土地の取得費に，その取得の時において配偶者敷地利用権が消滅したものと仮定して譲渡所得の金額の計算をした場合に取得費とされる金額を加算した金額

3　配偶者居住権等が消滅した後に居住建物等を譲渡した場合の居住建物又はその土地の取得費

　配偶者居住権等が消滅した後に居住建物等を譲渡した場合，その取得費は被相続人から引き継いだ本来の取得費となります。

　配偶者居住権等の消滅に伴い対価が支払われた場合，その消滅に伴う譲渡所得の金額の計算上，配偶者居住権又は配偶者敷地利用権の取得費は控除されているにもかかわらず，被相続人から引き継いだ本来の居住建物又はその土地の取得費にはその配偶者居住権又は配偶者敷地利用権の取得費が含まれてしまいます。

　以上の点から，本来の居住建物等の取得費のうち重複する配偶者居住権等の消滅時の取得費とされた部分を除外し，その消滅に伴い対価を支払った場合，その対価の額は本来の居住建物等の取得費に含まれます。

　具体的には，相続又は遺贈により配偶者居住権付建物又はその敷地の用に供される土地を取得した居住者が，配偶者居住権等が消滅した後に居住建物等を譲渡した場合における譲渡所得の金額の計算上控除するその建物又は土地の取得費については，次のとおりです（所令169の2⑤⑥）。

⑴　居住建物の取得費

　イ　配偶者居住権の消滅につきその取得費とされた金額がある場合，その取得費とされた金額を本来の居住建物の取得に要した金額並びに設備費及び改良費の額の合計額から控除します。

ロ　配偶者居住権の消滅につき対価を支払った場合，その対価の額は，本来の居住建物の取得に要した金額並びに設備費及び改良費の額の合計額に含まれます。

⑵　居住建物の敷地の用に供される土地等の取得費

イ　配偶者敷地利用権の消滅につきその取得費とされた金額がある場合，その取得費とされた金額を本来の居住建物の敷地の用に供される土地の取得に要した金額並びに設備費及び改良費の額の合計額から控除します。

ロ　配偶者敷地利用権の消滅につき対価を支払った場合，その対価の額は，本来の居住建物の敷地の用に供される土地の取得に要した金額並びに設備費及び改良費の額の合計額に含まれます。

▶4　配偶者居住権の目的となっている居住建物等の購入後に配偶者居住権等の消滅につき対価を支払った場合における建物又は土地の取得費

　配偶者居住権が付されている建物及び土地は，譲渡することができます。その居住建物等は配偶者居住権が設定されていることから，更地価額での取引は考えられず，自由な利用が制限されている価額での取引となります。その居住建物等を取得した者がそれに設定されている配偶者居住権を買い取った場合，その価額を取得費に反映させるのが相当です。

　居住建物等を取得した居住者から購入した居住者が，対価を支払って配偶者居住権等を消滅させた後に建物又は土地を譲渡した場合における消滅の対価の額については，建物又は土地の取得費の計算上，所得税法施行令第169条の2第5項第2号又は第6項第2号の規定を準用して計算します（所基通60-9）。

5 配偶者居住権を有する者が，贈与等により居住建物等を取得した場合における建物又は土地の取得費

(1) 配偶者居住権を有する配偶者が建物及び土地を取得する場合

　配偶者居住権を有する配偶者が，その設定されている建物及び土地を，所有者から無償で取得することが考えられます。無償とは所得税法第60条第1項に規定する「贈与」「相続（限定承認を除きます。）」「遺贈（包括遺贈のうち限定承認を除きます。）」が該当します。配偶者居住権が設定された建物の所有者である子が先に死亡して、相続人がその建物に配偶者居住権がある親である場合が想定されます。

(2) 配偶者が無償で取得した場合の建物及び土地の取得費

　配偶者居住権を有する配偶者が，配偶者居住権の目的となっている建物又は土地を取得した者から贈与，相続又は遺贈により建物又は土地を取得したことにより配偶者居住権等が消滅した場合，混同となります。配偶者居住権が設定されていなかったと同様な効果となります。そのためその消滅後に配偶者が建物又は土地を譲渡したときにおける建物又は土地の取得費は，配偶者居住権の設定に係る相続又は遺贈の時から配偶者居住権が設定されていなかったものとした場合において計算される取得費の額となります（所基通60-10）。

6 概算取得費の適用

　被相続人が取得した価額が不明な場合，配偶者居住権の取得価額が計算できません。1952年（昭和27年）12月31日以前から所有する土地建物等について取得価額が不明な場合，収入金額の5％を取得費として計算することができます（措法31の4）。この取扱いを「概算取得費控除」といいます。1953年（昭和28年）1月1日以後に取得した土地建物等についても概算取

得費控除ができます（所基通 31 の 4-1）。土地建物等を相続した者は，譲渡所得の計算において概算取得費控除が適用できます。土地建物等を除く資産を譲渡した場合であっても収入金額の 5 ％を取得費とすることができます（所基通 38-16）。概算取得費控除については第 3 編第 4 章③を参照してください。

　配偶者居住権等が消滅した場合，譲渡所得の金額の計算上控除する取得費は，上記 **1**⑴及び⑵で計算した金額です（所法 60 ③）。しかし取得費が不明であることが想定されます。この場合，概算取得費である収入金額の 100 分の 5 に相当する金額を取得費とすることができます（所基通 60-5）。

7　建物や敷地に対して改良，改造等があった場合

⑴　原則

　配偶者居住権等を取得した後に，配偶者居住権の目的となっている建物又は建物の敷地の用に供される土地について改良，改造等が行われた場合，その改良，改造等に要した費用の額は，配偶者居住権等の取得費の計算上加算されません（所基通 60-6）。

⑵　例外

　配偶者居住権等を取得した場合に，所得税基本通達 60-2（贈与等の際に支出した費用）において資産の取得費に算入できることとされる金額については，取得費に加算することができます（所基通 60-6 ただし書き）。取得に際して生じる名義変更料等が想定されます。

4 配偶者居住権付き建物及び土地等の取得の日及び取得費

1 資産の取得の日

　所得税法第60条第1項の規定により，贈与，相続（限定承認に係るものを除きます。）又は遺贈（包括遺贈のうち限定承認に係るものを除きます。）により取得した資産の取得費は，被相続人又は贈与者の取得の日や取得費について引き続き所有していたものとみなされます。

　配偶者居住権付き建物及びその敷地を譲渡した場合であっても建物及びその敷地は被相続人の取得の日及び取得日を引き継ぎます。

2 配偶者居住権付き建物又はその敷地の用に供される土地を譲渡した場合のその建物又は土地の取得費

　配偶者居住権付き建物又はその敷地の用に供される土地（土地の上に存する権利を含みます。）を譲渡した場合のその建物又は土地の取得費は，上記1にかかわらず次の計算によります（所法60②）。

⑴　配偶者居住権付き建物

　その建物に配偶者居住権が設定されていないものと仮定した場合に，その建物を譲渡した時において被相続人の建物の取得費の額として計算される金額から，その建物を譲渡した時において配偶者居住権が消滅したものと仮定した場合に配偶者居住権の消滅時の取得費とされる金額を控除します。

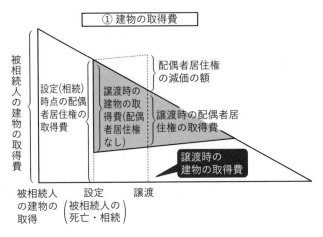

①　建物の取得費

被相続人の建物の取得費

設定（相続）時点の配偶者居住権の取得費

譲渡時の建物の取得費（配偶者居住権なし）

配偶者居住権の減価の額

譲渡時の配偶者居住権の取得費

譲渡時の建物の取得費

被相続人の建物の取得　　設定（被相続人の死亡・相続）　　譲渡

（図はいずれも財務省資料より加工）

⑵　配偶者居住権付き建物の敷地の用に供される土地

　その建物に配偶者居住権が設定されていないものと仮定した場合にその土地を譲渡した時において被相続人の土地の取得費の額として計算される金額から，その土地を譲渡した時において配偶者敷地利用権が消滅したものと仮定した場合に配偶者敷地利用権の消滅時の取得費とされる金額を控除します。

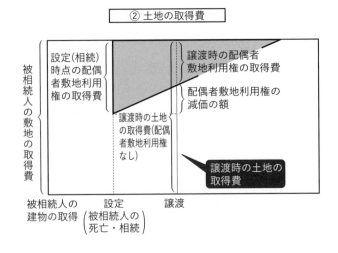

②　土地の取得費

被相続人の敷地の取得費

設定（相続）時点の配偶者敷地利用権の取得費

譲渡時の土地の取得費（配偶者敷地利用権なし）

譲渡時の配偶者敷地利用権の取得費

配偶者敷地利用権の減価の額

譲渡時の土地の取得費

被相続人の建物の取得　　設定（被相続人の死亡・相続）　　譲渡

3 ▶ 所得税法第 60 条第 2 項の適用範囲

　上記 2 の計算は配偶者居住権の目的となっている建物又はその敷地の用に供される土地を取得した者が，その建物又は土地を譲渡した場合について適用があります（所法 60 ②）。その者から贈与，相続又は遺贈により建物又は土地を取得した者が建物又は土地を譲渡した場合，つまり第 2 次相続があった場合の計算においても，その譲渡した建物又は土地の取得費については，引き続きこれを所有していたものとみなされます（所基通 60-3）。

索　引

著 者 紹 介

武田秀和（たけだ　ひでかず）

　税理士（武田秀和税理士事務所所長（東京税理士会日本橋支部））
　岩手県出身　中央大学法学部卒
　東京国税局資料調査課，東京派遣監察官室，浅草，四谷税務署他東京国税局管内
　各税務署資産課税部門等に勤務
　【事業内容】
　相続税・贈与税・譲渡所得を中心とした申告・相談・財産整理等資産税関係業務
　を中心に事業を展開している。また，北海道から沖縄までの各地の税理士に対す
　る資産税関係の講演を行っている。
著書
　「相続税調査はどう行われるか」（税務経理協会）
　「借地権　相続・贈与と譲渡の税務（改訂版）」（同上）
　「土地評価実務ガイド」（同上）
　「不動産の売却にかかる譲渡所得の税務」（同上）
　「一般動産・知的財産権・その他の財産の相続税評価ポイント解説」（税務研究会）
　「遺産分割と遺贈の相続税実務ポイント解説」（同上）
　「「相続税・贈与税の重要テーマ」ポイント解説」（同上）
DVD
　「災害発生前後の相続・贈与と土砂災害特別警戒区域内の土地の評価」（（一般社
　団法人）法律税金経営を学ぶ会）
　「未分割・遺産分割・遺贈による税務申告への影響」（同上）
　「税務調査が入りやすい譲渡所得」（同上）
　「家屋・金・海外財産・美術品と知的財産権の相続税評価」（同上）
　「財産評価の重要ポイント」（JP マーケティング㈱）
　「相続税小口案件対策の実践解説」（同上）
雑誌連載
　「税理士のための一般財産評価入門」（週刊「税務通信」）
　「サラリーマンでもわかる相続税対策」（ビジネス月刊誌「リベラルタイム」）
雑誌インタビュー記事・寄稿記事
　月刊税経通信・月刊税務弘報・週刊ダイヤモンド・週刊東洋経済・週刊エコノミ
　スト・週刊文春・週刊ポスト・週刊朝日・週刊現代
　　　　　　　　　　　　　　　　　　　　　　　　　　　　　　　他多数

これだけ分かれば計算できる!
譲渡所得の基礎 徹底解説

2022年2月10日　初版第1刷発行
2023年4月10日　初版第2刷発行

著　者　武田秀和

発行者　大坪克行

発行所　株式会社税務経理協会
　　　　〒161-0033東京都新宿区下落合1丁目1番3号
　　　　http://www.zeikei.co.jp
　　　　03-6304-0505

印　刷　美研プリンティング株式会社

製　本　牧製本印刷株式会社

デザイン　原宗男(カバー,イラスト)

編　集　野田ひとみ

本書についての
ご意見・ご感想はコチラ

http://www.zeikei.co.jp/contact/

本書の無断複製は著作権法上の例外を除き禁じられています。複製される
場合は、そのつど事前に、出版者著作権管理機構(電話03-5244-5088,
FAX03-5244-5089, e-mail: info@jcopy.or.jp)の許諾を得てください。

JCOPY ＜出版者著作権管理機構 委託出版物＞

ISBN 978-4-419-06834-9　C3034

© 武田秀和 2022 Printed in Japan